성경적 장례예식서

우리 어머님 예수님 신부로 천국에 입성해요

이 원 옥 지음

기독교문서선교회

기독교문서선교회(Christian Literature Center: 약칭 CLC)는 1941년 영국 콜체스터에서 켄 아담스에 의해 시작되었으며 국제 본부는 영국의 쉐필드에 있습니다.

국제 CLC는 59개 나라에서 180개의 본부를 두고, 약 650여 명의 선교사들이 이동도서차량 40대를 이용하여 문서 보급에 힘쓰고 있으며 이메일 주문을 통해 130여 국으로 책을 공급하고 있습니다.

한국 CLC는 청교도적 복음주의 신학과 신앙서적을 출판하는 문서선교 기관으로서, 한 영혼이라도 구원되길 소망하면서 주님이 오시는 그날까지 최선을 다할 것입니다.

Mom, Let's Go to the Heaven as the Bride of Christ.

Written By
Won Ok Lee

Korean Edition
Copyright © 2016 by Christian Literature Center
Seoul, Korea

묵상(Meditation)

존 던(John Donne)

교회가 한 사람을 묻을 때, 그 행위는 나와 관련이 있다. 모든 인류는 한 저자가 쓴 한 권의 책이다. 한 사람이 죽는다고 그 책에서 한 장이 찢겨나가는 게 아니다. 그저 더 훌륭한 언어로 번역되는 것이다. 그리고 모든 장은 반드시 번역되도록 되어 있다. 하나님은 여러 번역가를 고용하신다. 책의 일부는 나이라는 번역가가 맡고, 다른 부분은 질병이, 또 다른 대목은 전쟁이, 그리고 또 어떤 부분은 정의라는 번역가에 의해 번역된다. 하지만 모든 번역 가운데에 하나님의 손이 함께하신다. 모든 책이 서로를 향해 열려 있는 채로 정리가 되어 있는 그 도서관에 진열되기 위해, 우리 모든 흩어진 페이지들은 하나님의 손에 의해 다시 제본된다. 그러므로 설교 시작을 알리는 저 종소리는 설교자만을 부르는 것이 아니다. 회중들더러 오라고 부르는 것이기도 하다. 그 종소리는 우리 모두를 부르고 있는 것이다…그 누구도 외딴 섬인 사람은 없다. 모든 사람은 대륙의 한 자락이요, 전체의 부분이다. 흙 한 덩어리가 바다에 씻겨 나가면, 유럽은 그만큼 작아지는 것이다. 해안 절벽 하나가 떨어져 나가는 것만큼이나, 그리고 당신 친구의 대저택, 혹은 당신 자신의 대저택이 무너져 내리는 것만큼이나 말이다. 어느 누구의 죽음이건 그것은 나를 줄어들게 한다. 왜냐하면 나도 인류에 속해 있기 때문이다. 그러므로 누구를 위하여 종이 울리나 알아보려고 사람을 보내지 말라. 그 종은 바로 그대를 위해 울리는 것이니까.

추천사 1

김의원 박사
전 총신대학교 총장

　기독교 장례문화는 100년이 넘는 선교역사 속에서 전통적 관혼상제에서 헤어나지 못할뿐더러 아직도 신학적 기초를 제대로 놓지 못하였다. 필자는 저자 이원옥 박사가 지난 35년 동안 수많은 장례예식을 집례하면서 비기독교인들에게는 복음을, 기독교인들에게는 종말 앞에서 어떤 삶을 살아야 할 것인가를 가르치는 것을 보았다.

　이원옥 박사의 소천신학은 김활란 박사의 유언에 따라 '장송가'가 아니라 '환송가'를 부르면서부터 시작된 천국환송예배를 기초하고 있다. 성경은 모든 성도들이 왕 같은 제사장으로 신앙생활을 하다가 만왕의 왕 되신 예수님의 신부가 되어 천국에 입성한다고 가르친다. 이에 따라 저자는 기독교인들의 신앙생활을 성령의 인도를 따라 이 땅에서 왕의 신부 수업을 받는 과정이라고 갈파하였다. 이런 소천신학에 기초하여 장례예식의 명칭을 적절하게 바꾸어 줌으로써 기독교 장례예식의 의미와 목적과 방법을 쉽게 설명하고 있다. 저자는 전통적 유교 장례와 혼합된 명칭이 아닌 소천신학에 근거한 명칭을 제시함으로써, 장례예식에서 목사의 설교를 더욱 명료하게 해 주며, 기도 담당자의 기도 내용을 풍성하게 해 준다.

이 책이 제시하는 소천신학은 성도들의 신앙생활에도 큰 유익을 줄 것이다. 곧 하나님의 자녀로서 거듭난 성도들에게 이 땅에서의 신앙생활의 모범을 제시하고, 또 예수님의 신부로서 준비되어가는 지침도 함께 제시하고 있어, 모든 성도들의 가정이 기독교 명문 가정을 이루어 갈 수 있도록 도움을 줄 것이다. 특별히 6월에 방송할 예정으로 CBS와 함께 다큐멘터리까지 만들고 있어서 이 책은 한국교회에 성경적 관점에서 기독교 장례예식의 초석을 놓을 것으로 여겨진다.

이 책은 신앙생활의 마지막 열매가 되는 장례예식이 죽음의 문을 열고 천국에 입성한다는 간단한 진리로 제시해 주고 있어 죽음의 공포 속에서 사는 분들에게는 위로가 되고 또 천국의 확신을 갖고 사는 분들에게는 큰 기쁨이 되리라 확신하여 추천하는 바이다. 목회자들뿐 아니라 많은 분들이 이 책을 숙독하기를 바란다.

추천사 2

민찬기 목사
예수인교회 담임/기독신보 이사장

　책을 쓰는 것은 결코 쉽지 않은 일이다. 특히 장례예식서가 많지 않은데 이런 귀한 책을 새로운 시각으로 접근하여 책을 출간하게 된 것을 축하하며, 목회 현장뿐만 아니라 성도들에게도 좋은 책이라고 생각하여 추천한다.

　일상적인 장례예배가 아닌 천국환송예배는 유족은 물론 기독교에 대한 이해가 부족한 사람들에게도 이 세상은 잠깐 머물다가는 곳으로 영원한 본향인 천국에 대한 소망과 불신자 가족이나 친지들이 쉽게 "하늘나라 가셨어요"라고 하는데 엄숙하고 아름다운 장례예식을 통하여 천국에 대한 새로운 관점을 갖도록 구체화 할 수 있는 그림을 준다.

　따라서 이 세상은 천국인 본향을 떠나와서 잠깐 머물다가는 곳으로 소풍 나오기 전에 살던 곳이 아버지 하나님의 집인데, 그곳에서 주님께서는 우리를 위하여 영원한 처소를 예비하시고 우리를 부르게 되면 천국에 들어가서 영원토록 하나님의 영광을 찬송하면서 생명을 누리며 살게 된다. 이렇게 천국에 입성하는 과정을 소천신학에 따라 명칭을 바꾸어 예식을 집례할 수 있게 해 주어서 마치 천국 가고 있는 현장을 보게 해 주는 것 같아 기쁨으로 추천한다.

특히 예수님의 신부가 되어 천국에서 왕 노릇 하기 위해서 입성한다는 사실을 예식을 통하여 표현할 수 있게 되어서 유족에게는 위로 정도가 아니라 거룩한 기쁨이 주어질 것이고, 예수를 그리스도로 믿지 않는 자들에게는 전도가 될 수 있게 되고, 다시 사명을 찾게 될 성도들에게는 축복의 장례예식이 될 것이기 때문에 천국으로 환송하면서 가장 아름다운 예식을 집례할 것으로 사료되어 기쁨으로 추천한다.

더욱이 예수인교회 교인인 우경옥 CBS PD가 6월 방송 예정으로 『우리 어머님 예수님 신부로 천국에 입성해요』를 주제로 다큐멘터리까지 만들고 있으며, 옥한흠 목사님과 하용조 목사님이 천국환송예배를 드린 후 작년에는 김영삼 대통령이 천국에 입성하시면서 부활대망예배로 드렸기 때문에 이원옥 박사가 제안하고 있는 이 명칭은 이미 검증되어 있는 상황이다. 이렇게 하나님의 자녀들은 죽는 것이 아니라 죽음의 문을 열고 천국에 입성한다는 것이 신앙으로 한국교회에 뿌리를 내릴 것이기 때문에 예식서의 역할을 기대하며 기쁘게 추천한다.

추천사 3

박명일 목사
제주국제순복음교회 담임

제주도에서 목회한 지 26년째가 된다. 추천사에 앞서 제주도 장례문화를 소개 할까 한다. 다른 지방과 다른 제주도만의 장례문화는 가문에 가장 중요한 행사이다. 무엇보다도 제주도는 기독교에 대해 상당히 배타적인 영적 환경이다. 이런 제주도에서의 장례는 목사로 하여금 매우 긴장감을 준다.

임종에서부터 입관 그리고 다른 지방에 없는 일포(문상 받는 날), 발인과 하관 및 화장예배가 있다. 특별히 제주도에는 장례가 나면 동네 신방(무당)에게서 날짜와 시간을 받아 온다. 첫 사역지 교회에서 제주도 출신의 첫 성도의 모친이 상을 당했다. 날짜에 5일장으로 날을 받았다. 필자는 도리어 기뻤다. 왜냐하면 5일간 매일 아침, 점심, 저녁 제사 대신에 예배를 드리는데 이때에 아주 은혜로운 복음을 전하는 기회가 되기 때문이다.

제주도에서는 문중에 장례가 나면 장례 시작부터 끝날 때까지 모든 문중(괜당)이 다 함께 보낸다. 그 가문에서는 첫 기독교인이 나왔고 그 집에 최초의 기독교 장례가 된 것이다. 필자는 교우들과 최선을 다해 장례를 치뤘다. 이 장례로 인해 성도의 가문에서 기독교 장례가 자신들의 재례식 장례보다 훨씬 좋다는 소문이 났다. 이 장례로 그 동네에 많은 사람들이 교회에 나왔다. 이토록 우리 기독교의 장례는 아주 탁월한 것이다.

그러나 장례예식에 필요한 자료는 교단에서 발행한 책에만 의존하는 빈약한 형편이었다. 그런 목회자의 고충을 알고 이번에 존경하는 이원옥 박사의 『우리 어머님 예수님 신부로 천국에 입성해요』라는 장례에 관한 논문이 책으로 발간되어 얼마나 기쁜지 모른다. 신학적, 목회적으로 충분한 근거를 두고 발간된 이 책을 모든 목회자들이 꼭 소장해야 할 장례예식서로 적극 추천한다. 하이테크 시대에는 하이터치가 절대 필요하다. 과학이 해결할 수 없는 사후의 세계가 분명하고 명료하게 제시되는 기독교 장례는 그야말로 이 세상에서 천국으로 입성하는 날이요 즐거운 여행이다.

세상에서는 슬픔과 고통으로 받아들일 수밖에 없는 육체의 죽음을 환희와 기쁨 그리고 영광스런 천국을 보여주며 드리는 천국환송예배는 믿는 자나 믿지 않는 자들에게 구원을 선물하는 기회가 될 것이다. 장례만 잘 치러 드려도 우리 같은 지방에서는 부흥을 가져온다. 이 세상에서 마지막 떠나시는 영혼들을 위해 꼭 필요한 이 한 권의 책으로 아름다운 천국행 여행을 떠나 보내드리기를 소원한다.

추천사 4

이찬수 목사
분당우리교회 담임

　크리스천은 예수 그리스도의 십자가와 부활하심의 능력을 믿는 자들이다. 이런 차원에서 보면 장례식 자체가 죽음을 이기신 예수님의 부활신앙을 보여줄 수 있는 기회가 될 수 있다고 믿는다. 저자인 이원옥 박사는 기독교 장례예식과 문화를 위해 무려 35년이라는 긴 세월 동안 소천신학을 연구하신 분이다. 이런 저자의 애쓰심의 결정체가 책으로 엮어져 세상에 나왔다. 따라서『우리 어머님 예수님 신부로 천국에 입성해요』는 장례예식을 담당하는 신학생과 목사님들에게 꼭 필요한 저서이다. 이 책이 기독교 장례예식과 문화에 도움이 될 것이라 믿기에 적극 추천한다.

저자 서문

이원옥 박사
한국성서대학교 교수

    1979년 10월 26일 박정희 대통령이 서거하고, 11월 3일에 국장으로 발인하는 것을 TV로 보면서 필자에게 큰 사명이 주어졌다. 그동안 발인식은 시골 동네에서 유교식으로 하는 것만 보다가 국장으로 하는 것을 처음 보는 순간 우리가 천국에 갈 때 그래도 국장보다는 더 거룩하고 아름답게 가는 모습을 세상에 보여 주어야 천국 간다는 것이 무엇인지를 보여 줄 수 있지 않겠는가라는 생각이 들면서 사명으로 자리 잡게 되었다. 1년 후에 필자의 아버님이 하나님 아버지의 부름에 따라 천국에 입성하셨는데, 감사하게도 담임 목사님이 발인예배 사회를 보시고, 필자가 다니던 신학교 학장님은 설교해 주시고, 교무처장님이 기도해 주시고, 김남복 목사님이 축도해 주셨다.
    시골에서 600명이 넘는 조문객이 오셔서 함께 발인예배와 하관예배를 드렸는데, 신학생들이 상여를 매고 찬송을 부르면서 인도해 주었다. 아버님의 장례예식이 끝난 후 마을 사람들은 "나도 죽어서 문호처럼 저렇게 천국에 갈 수 있다면 교회를 나가야겠다"고 하였다. 이와 같은 말들은 필자에게 더 큰 도전이 되어 장례예식을 고인이 하나님 아버지의 부름에 따라 천국 가고 있다는 것을 생생하게 보여 주는 기독교예식을 만들어야겠다고 하는 사명이 자리 잡게 되었다.

그리고 35년 동안 논문과 책과 장례예식 테이프를 제작하여 세미나도 인도했지만 멀고 먼 길이었다. 예수를 그리스도로 믿어 하나님의 자녀 된 자들이 그의 아버지 나라인 천국에 건축된 집으로 이사 간다는 것을 생생하게 보여주기 위해서 먼저 성경에 나타나 있는 장례예식을 연구하였다. 성경에 나타나 있는 장례예식을 연구하면서 유교식 장례예식의 명칭이 가장 큰 장애물이라는 사실을 깨닫게 되면서 명칭을 소천신학에 따라 기독교식으로 바꾸게 되었다.

그리고 각 나라에서는 어떻게 장례예식을 집례하고 있는가를 연구하기 위해 자료뿐만 아니라 여행을 다니며 직접 보고 죽음을 어떻게 생각하고, 죽음 앞에서 얼마나 두려워하고 있는가를 살펴보았다. 기독교인들도 구원 받았다고 하지만 죽음을 두려워하는 것은 마찬가지였다. 성경은 분명히 하나님의 자녀로, 예수님의 신부로 천국에 이사 간다고 말씀하고 있는데 왜 이렇게 두려움에 빠질까 생각하면서 장례예식이 아니라 왕이 되기 위해 예수님의 신부로 천국에 입성한다는 사실을 예식으로 정립해야겠다는 다짐을 하게 되었다.

아직도 많은 것들을 보안해야 하지만 먼저 교계에 제시하고 많은 조언들을 들으면서 죽음을 이기고 천국에 입성하는 것이 무엇인지를 보여 주길 원한다. 다른 문화도 그렇지만 특별히 장례예식에 대한 문화를 바꾼다는 것은 종교개혁만큼이나 힘들 것으로 생각이 된다. 그러나 기독교 장례예식을 성경적으로 바로 세워야 성경대로 천국 가는 것처럼 신앙생활을 하게 될 것이다. 하나님 아버지께서 부르시는 날 천국에 입성하게 된다는 것을 분명하게 보여 주어야 사람들이 천국 가고 싶은 도전을 받게 될 것이고, 믿음 정도가 아니라 천국에 입성할 자처럼 삶으로 살게 될 것이라고 확신하게 되었다.

필자도 전도폭발 5기를 마치고, 다른 전도훈련도 받았지만 자신이 천국 가고 있다는 모습을 생생하게 보여 주지 못하면 전도가 쉽지 않은 것을 보게 된다. 그러므로 장례예식은 예수께서 가르쳐 주신 가장 좋은 전도프로그램이라는 사실을 인정하고 장례예식을 통하여 우리가 구원 받았다는 것과 왕 같은 제사장으로 살다가 예수님의 신부로 천국에 입성한다는 것을 확실하게 보여 주어야 할 때가 되었다.

이와 같은 사명을 가지고 긴 세월 동안 애쓰며 노력했다. 하지만 죽음의 산을 넘는 것은 그리 쉽지 않았다. 그런데 2010년 9월

2일 고(故) 옥한흠 목사님이 하나님 아버지의 부름에 따라 천국에 입성하시면서 필자에게 가장 큰 선물을 주셨다. 30년 가까이 필자가 발인예배 명칭을 '천국환송예배'로 바꾸려고 노력했지만 잘되지 않았다. 그런데 옥한흠 목사님이 천국에 입성하실 때 사랑의교회 오정현 목사님이 그동안 한국교회가 쓰고 있던 '발인예배'라는 명칭을 사용하지 않고 필자가 제시한 '천국환송예배'로 예배를 드리게 되었다. 각 방송사와 언론들은 오늘 고 옥한흠 목사님의 '천국환송예배'가 사랑의교회에서 있었다고 방송해 줌으로 한 순간에 전국교회가 받아들이게 되었다.

1년 후인 2011년 8월 2일에 고(故) 하용조 목사님이 소천했을 때도 온누리교회에서도 '발인예배'라는 명칭 대신 '천국환송예배'라는 명칭으로 예배를 드림으로 언론에서 다시 뉴스로 '천국환송예배'를 드렸다고 보도해 줌으로 한국교회의 장례예식은 새로운 역사가 시작되게 되었다.

이후부터 기독교인들은 신문에 고인의 부고 광고를 낼 때 '발인예배'라는 명칭을 사용하지 않고 고인의 '천국환송예배'가 어느 장례식장에서 몇 시에 드린다고 하고 있다. 『우리 어머님 예수님 신부로 천국에 입성해요』 3판이 나오기 전 2015년 11월 26일에 고(故) 김영삼 장로 대통령이 천국에 입성하시면서 또 하나의 다른 명칭이 사용되어 필자에게 큰 선물이 되었다. 김영삼 장로님이 하나님 아버지의 면전에서 완전하고 영원한 예배를 드리기 위해 천국으로 예배 장소를 옮기시는 것을 전 국민이 국장으로 볼 수 있게 되었다. 수원중앙교회 고명진 목사님은 하관예배를 집례하시면서 설교까지 해 주셨는데, '하관예배'라는 명칭을 바꾸어 '부활대망예배'로 드린 것이다.

이는 필자인 이원옥 교수가 35년 전부터 한국교회 장례예식이 죽은 자를 위한 것이 아니라 하나님 아버지의 부름에 따라 천국에서 완전한 예배를 영원토록 드리기 위해 예배 장소를 천국으로 옮겨 간다는 것을 소천신학에 담아 보려고 노력한 것인데, 하나님 아버지께서 한국교회에 주신 또 하나의 축복의 선물 아닐 수 없다.

비록 우리는 이 세상에서 사는 동안 제안적인 예배를 드릴 수밖에 없지만 하나님 아버지의 부름에 따라 천국 문을 열고 들어가서 하나님 아버지와 얼굴을 대면하고, 그 영광, 그 사랑, 그 능력, 그 기쁨이 무엇인지를 하나님만 알고 계신 것이 아니라 우리도 알고 완전한 예배를 드리게 된다. 요한계시록 14장에 나오는 144,000명의 성가대와 오케스트라와 천사들의 율동과 천국 자체가 춤을 추면서 어린 양 예수 그리스도의 구속을 노래하는 영광의 예배를 드리게 된다.

이 땅에 살고 있는 하나님의 자녀들은 천국의 완전한 예배를 사모하면서 예배드리다가 하나님 아버지께서 부르시는 날 천국 문을 열고 들어가 완전한 예배를 드리게 된다. 우리가 천국에 가는 이유가 바로 이와 같은 완전한 예배를 드리기 위해서이다. 유교식 장례예배의 명칭으로는 이 영광스러운 예배에 대하여 표현할 방법이 없어서 소천신학에 따른 예배의 명칭을 바꾸고 예식들을 만들어 장례예식이 아니라 예수님의 신부로 왕이 되기 위해 천국에 입성하는 모습을 생생하게 표현하길 원한다.

이렇게 소천신학을 근거로 장례예배를 드리다보면 구원관이 정립되고, 신앙생활이 만왕의 왕 되신 예수 그리스도의 신부로 선택받아 교육을 받고 있는 것으로 변하게 된다. 이 세상의 삶도 예수님의 신부가 되기 위해 왕 같은 제사장으로 완전한 예배를 드리기 위해 신앙생활을 한다면 우리는 성령의 인도를 더 명료하게 받게 될 것이다. 이와 같은 신앙생활은 먼저 신앙의 유산들을 남기기 위한 것이 되기 때문에 기독교 명문 가정을 만들어 갈 수 있게 된다.

상조신문사 대표인 김호승 장로는 이와 같은 장례예식은 종교개혁 정도가 아니라 종교혁명이라고 하면서 하나님의 역사를 기대하게 만들어 준다고 하였다. 예수를 그리스도로 믿어 하나님의 아들로 살고 있는 필자는 35년 동안 장례예식을 가지고 몸부림을 치면서 성령의 인도를 받아 거룩한 산제사로 산다는 것이 무엇인가를 한국교회에 제시하고자 했던 것이 이제 기독교 방송과 함께 이룰 수 있는 큰 기쁨이 주어지게 되었다. 기독교 방송은 이 장례예식을 다큐멘터리로 6월에 방송하기 위해 제작하고 있다.

그동안 기독교식으로 장례예식을 집례 한다고 했지만 불교와 유교의식에 샤머니즘까지 곁들어져 성경적인 장례예식을 집례하는 데 많은 어려움을 겪으셨던 목사님과 성도님들에게 큰 기쁜 소식이 될 것이라 생각한다. 이제는 하나님의 자녀인 성도들이 완전한 예배를 하나님 아버지 앞에서 드리기 위해 천국에 입성한다는 사실에 대하여 생생하게 중계방송 하듯이 장례예배를 드림으로 하나님 아버지께 모든 영광과 존귀를 올려야 할 때가 되었다. 이는 한국교회뿐만 아니라 세계 기독교에 준 선물이며, 예수를 그리스도로 믿지 않는 자들에게 천국 가는 것이 무엇인지를 보여 줌으로 구원으로 초청할 수 있는 기회가 주어 졌으니 너무 큰 축복이 아닐 수 없다. 옥한흠 목사님과 하용조 목사님은 살아계실 때도 한국교회를 개혁하며 많은 선교를 감당하셨는데 마지막 천국에 입성하시면서도 한국교회의 장례예식을 개혁할 수 있는 기초를 놓고 가셨다.

필자는 1979년부터 『선교를 위한 장례예식서』라는 소책자와 장례예식 찬송 테이프 그리고 논문을 발표하면서 세미나도 인도했지만 한국 장례문화를 바꾼다는 것은 참으로 멀고 먼 길이었다. 이제는 하나님 아버지께서 그 열매를 누릴 수 있는 기회를 우리 모두에게 주셨다. 먼저 성경 말씀을 근거로 김활란 박사님은 "내 장례식에서는 장송가를 부르지 말고 헨델의 메시아를 불러 주세요"라고 유언을 했다. 이는 하나님 아버지께서 자신에게 예수를 그리스도로 믿을 수 있도록 불러 주시고, 일생을 믿음으로 살다가 이제 영원한 천국에서 하나님 아버지의 얼굴을 뵈오며 완전한 예배를 드리기 위해서 천국에 입성하는 것을 알고 있었기 때문에 환희의 송가, 승리의 개가를 부르는 천사들의 노래를 듣고 있기 때문에 말한 유언일 것이다.

이와 같은 소망을 가지고 소천신학에 따라 성경을 기초로 명칭을 개정하게 되었다. 임종예배는 '소천예배'로, 입관예배는 '소천송별예배'로, 발인예배는 '천국환송예배'로, 화장터예배는 명칭도 없이 예배를 드렸는데, 이는 '천국입성예배'로, 하관예배는 '부활대망예배'로, 추모예배는 '소천기념예배'로 명칭을 바꾼 것이다. 이렇게 바꾼 명칭만 들어도 이 예배를 어떻게 인도하면서 어떤 찬송과 기도와 설교를 해야 하는지를 바로 알 수 있게 예배가 명료해 졌다.

무엇보다도 고인이 하나님 아버지의 부름에 따라 천국 현관문을 열고 들어가고 있는 모습을 생생하게 보여 줄 수 있는 예배가 되었다. 뿐만 아니라 천국 가고 있는 신앙생활이 분명해 지면서 후손들에게 어떤 신앙의 유산을 남겨 주어야 하며 기독교 명문 가정을 만들어야 하는가도 분명해 진 것을 볼 수 있다. 이렇게 바꾼 명칭은 대한예수교장로회(합동) 서중노회에 장례예식 명칭 변경 청원을 하여 허락을 받게 되었다. 그 후부터 소수의 목사님들이 필자가 바꾼 명칭에 따라 장례예식을 집례했지만 광야에서 외치는 자의 소리처럼 별 효과가 없었다. 그러나 옥한흠 목사님과 하용조 목사님이 천국에 입성하시면서 "천국환송예배"로 드렸고, 김영삼 장로 대통령이 "부활대망예배"로 드림으로 전국 교회에 확산되었기 때문에 이제는 더 이상 외면할 수 없는 상황이 되어 버렸다.

이제 예수를 그리스도로 믿어 하나님의 자녀가 되었다는 구원과 천국에 입성한다는 신앙생활 즉 천국에서 완전한 예배를 드리기 위해 살면서 신앙의 유산들을 만들어 남기는 것이 무엇인가를 이해하고 기독교 명문 가정을 만드는 일에 힘써야 할 것이다. 이제는 명칭 정도만 쓰는 것이 아니라 실제 장례예식을 통하여 우리가 남겨야 할 신앙의 유산이 무엇인가를 고민하면서 도전이 되어 전도의 문이 활짝 열릴 수 있기를 간절히 기도해 본다.

성도들은 하나님 아버지의 부름에 따라 천국에 만들어질 새예루살렘 문을 열고 입성하는 모습을 모든 사람들이 실감할 수 있도록 생중계하듯이 집례를 해야 할 것이다. 마치 마라톤 현장을 국민들에게 생생하게 중개하는 아나운서처럼 지금까지 42.195 킬로미터를 믿음으로 달려와서 마지막 천국 스타디움 안으로 들어가는 모습을 천군천사와 함께 144,000명의 성가대를 지휘하고 예수님의 모습을 보여 주는 예식이 될 수 있도록 해야 할 것이다. 이를 보고 있는 성도들에게는 큰 기쁨이 될 것이고, 신앙생활을 하지 않고 있는 자들은 구원의 자리에 들어가고 싶은 열망이 불일 듯 일어날 수 있게 집례를 하는 것이 순서를 맡은 자들의 사명이다.

그렇게 그동안 한국교회가 천국 가는 것처럼 생생하게 집례할 수 없었던 것은 유교문화와 함께 신앙은 자랑하는 것이 아니라는 생각 때문이다. 이를 버리지 않는 한 우리들은 신앙의 유산을 만들지도 남기지도 못할 것이다. 하나님의 역사를 간증하면서 하나님의 살아계심을 보여 주어야 사람들이 구원의 하나님에 대하여 알 수 있게 된다는 것이다. 이렇게 아브라함과 이삭과 야곱의 하나님이라고 불렀던 이스라엘 백성들처럼 우리들도 부모로부터 물려받는 신앙이 무엇인가를 배워가면서 신앙의 유산을 만들어 남김으로 기독교 명문 가정을 만들어 갈 수 있게 해야 한다.

이와 같이 기독교 명문 가정을 만들기 위해서는 소천신학에 따라 가장 먼저 신앙의 마라톤을 시작하면서 예수를 그리스도로 믿어 하나님의 자녀가 되었기 때문에 아버지 하나님의 집에 들어가는 사실을 그 무엇도 막을 수 없게 해야 한다. 이와 같은 확신은 창조주 되신 예수 그리스도께서 십자가로 구원을 이룬 정도가 아니라 전능하신 능력으로 천국에 우리 집을 살아있는 집으로 건축해 놓고 들어오기를 기다리고 계시다는 확신 속에서 신앙생활을 할 수 있게 만들 것이다.

그리고 우리가 천국에 들어가는 것은 하나님 아버지의 면전에서 그 영광과 능력을 보면서 완전한 예배를 드리기 위함이라는 사실을 알고 그 완전한 예배를 사모하면서 이 세상에서도 예배를 드려야 한다. 이렇게 하나님 아버지 앞에서 완전한 예배를 드리기 위해 사모하면서 살았기 때문에 우리는 죽은 것이 아니라 천국 현관 문을 열고 영생하기 위해 보좌 앞으로 찬송을 부르면서 다가가는 것이다. 우리가 하나님 아버지의 보좌 앞으로 나아갈 때 천국의 오케스트라와 144,000명의 성가대가 코러스로 구원의 기쁜 찬송을 부르면서 간다는 것을 분명하게 확신하면서 매 순간 거룩한 산 제사로 사는 삶을 예배로 드리는 것이 믿음으로 사는 삶이다.

그런데 아직도 한국교회 안에는 죽어봐야 알지 어떻게 천국에 간다고 장담할 수 있느냐고 묻는 분들이 적지 않다는 것이다. 우리의 신앙생활은 하나님의 자녀로 천국에서 우리가 살아야 할 집을 예수님이 분양 받아 놓은 정도가 아니라 잔금까지 이미 다 지불해 놓은 아파트와도 같고, 단독 주택을 창조주 되신 예수님이 완공시켜 놓은 것과도 같다. 그러므로 하나님의 자녀가 된 우리들은 자신의 집이 천국에 있다는 분명한 확신 속에서 천국 현관문을 향하여 매일매일 걸어가면서 후손들에게 믿음으로 산다는 것이 무엇인가를 보여 주면서 신앙의 유산을 남기는 신앙생활을 해야 한다.

아직도 우리는 신앙의 유산이 무엇이며, 기독교 명문 가정이 무엇인지를 모르기 때문에 기독교 명문 가정을 만든다는 것도 잘 모르고 신앙생활을 하고 있다. 기도의 명인, 성경의 명인, 전도의 명인, 봉사의 명인, 예배의 명인으로 살아 온 것들을 장례예식들을 통하여 분명하게 보여 줄 아름다운 신앙의 유산을 만들어 가는 것이 바로 우리의 신앙생활인 것이다.

이를 위해 운명 직전에 '소천예배'를 드리는 것이 아니라 예수를 그리스도로 믿고 난 후부터 신앙의 경주를 시작해야 하겠다고 다짐을 하면서 마치 마라톤 선수가 옷을 갈아입고 출발선에 올라가는 것처럼 그동안의 삶을 정리하고 믿음의 경주를 시작하겠다고 다짐하는 것이 '소천예배'를 드리는 목적이다. 이렇게 소천예배를 드린 후부터는 신앙생활의 자료들을 만들면서 자신이 어떤 신앙의 유산을 후손들에게 남길 것인가를 생각하면서 신앙생활을 해야 한다.

그동안 사용했던 유교적인 장례예식 명칭으로는 이와 같은 기독교 신앙을 표현할 수 없었기 때문에 장례예식을 집례 하던 목사님들이 많은 어려움을 겪을 수밖에 없었다. 이제는 기독교 진리가 무엇인지를 타 종교에까지 보여 줄 수 있어야 한다. 많은 분들이 이와 같은 천국 가는 장례예식이 무엇이냐고 질문하고 있기 때문에 장례예식서를 "우리 어머님 예수님 신부로 천국에 입성해요" 라는 제목으로 다시 지필하게 되었다.

이는 35년 전 필자의 아버님을 천국으로 보내 드리면서부터 죄로 버려진 자녀들이 예수를 그리스도로 믿음으로 하나님의 자녀가 되어 영원한 예배를 드리기 위해 천국에 입성한다는 소천신학을 신앙과 예식으로 표현할 수 있도록 성령께서 인도해 주셨다. 이를 위해 기도하면서 노력한 것을 하나님 아버지께서 이제 응답하여 기독교 장례예식을 한국교회에 제시할 수 있는 축복을 허락해 주신 것이다. 교회가 많은 프로그램을 만들어 행사를 진행하고 있는 것과 같이 된 때에 신앙의 유산을 남길 수 있는 교회로 변화 될 수 있는 기회가 주어진 것이다.

'소천신학'을 정립하는 데 있어서 가장 먼저 해결해야 할 것이 죽음에 대한 이해이다. 기독교뿐만 아니라 타 종교에서도 사람들이 운명하는 것을 보면서 '죽음의 문턱'을 넘고 있다고 말하고 있다. 그런데 천국에 계신 하나님께서는 그 '죽음의 문'을 천국에 들어오는 출입문이기 때문에 '천국 문'이라고 부르고 계신 것이다. 세상에서 보면 '죽음의 문'이지만 하나님 아버지께서 천국에서 볼 때는 자녀들이 천국에 입성하는 문이기 때문에 '천국 문'이라고 하시는 것이다.

이 죽음의 문은 또 다른 이름을 가지고 있는데, 예수를 그리스도로 믿지 않은 자들은 하나님의 자녀가 되지 못했기 때문에 '죽음의 문'을 통과하여 지옥에 들어가게 된다. 그래서 이 죽음의 문은 지옥에서 보면 지옥에 들어오는 출입문이기 때문에 '지옥 문'이라고 부르는 것이다. 그러므로 예수를 그리스도로 믿지 않아서 하나님의 자녀로 회복되지 못한 자들은 사실 '죽음의 문'을 여는 것이 아니라 '지옥 현관문'을 열고 지옥에 들어가는 것이다.

우리는 이 문이 무엇인지를 알기 위해 죽음 체험관에 가서 죽음의 문을 열고 지옥에 들어가기 위해 수의를 입고 관속에 들어가서 30분 후에 화장터의 화로에 들어가서 재가 되어 나오게 되는데 30분 동안 인생을 정리하고 나오라고 하고, 다시 죽음의 문을 열고 천국에 들어가기 위해 왕 같은 제사장이니 천국 예복인 황제 복을 입고 황제 관에 들어가서 천국을 체험하면서 하나님께서 다시 주신 삶을 어떻게 헌신하면서 살 것인가를 결단해 보기도 해야 한다.

'소천신학'이란 하나님 아버지께서 예수를 그리스도로 믿을 수 있도록 불러 주심으로 성령의 역사로 예수님이 자신을 위해 성경대로 십자가에서 죽으시고 장사되었다가 성경대로 부활하셨다는 것을 믿음으로 하나님의 자녀가 되게 한 사실과 다른 형제들을 구원하라는 사명을 감당하다가 '천국 현관문'을 열고 천국에 들어오라고 불러 주심으로 구원의 완성을 이루는 것에 대하여 장례예식을 통하여 표현하는 것이다. 이러한 소천신학에 따라 장례예배를 드려야 하는 이유는 고인뿐만 아니라 유족과 조문객들이 죄인을 불러 자녀 삼아주신 후 전도의 사명을 끝내면 다시 천국으로 불려가는 것을 장례예식을 통하여 이해하고 선행으로 천국에 가는 것이 아니라 예수를 그리스도로 믿어 하나님의 자녀가 되어야만 하나님의 부름에 따라 천국에 들어간다는 사실을 믿을 수 있게 하기 때문이다.

그러므로 장례예식은 천국에 입성하는 현장을 생중계하듯이 실감나게 장례예식을 집례하는 정도가 아니라 하나님께서 그의 자녀를 천국으로 불러가고 있는 역사까지도 볼 수 있도록 중계하여 타 종교인들까지도 나도 천국에 가고 싶다고 믿음이 불일 듯 일어나 예수를 그리스도로 믿게 되는 성령 충만함이 나타나야 한다. 각 교회마다 개인마다 생생함은 신앙의 유산이 다르기 때문에 신앙의 유산을 따라 표현되는 것을 보게 된다. 전주 한 교회에서는 부활대망예배 시간에 부자와 나사로의 비유에서 나오는 것처럼 부자가 지옥에 들어가서도 형제들은 구원 받아 천국에 들어가기를 원했던 간절한 유언을 녹음했다가 들려주었다.

광주 한 교회에서는 부활대망예배 때 미리 녹음한 유언을 들려주었다.

"목사님 이 썩을 것들이 제가 예수를 그리스도로 믿으라고 그렇게 말해도 안 들었습니다. 이제 내 새끼들 지옥으로 떨어지게 생겼으니 어떻게 하면 좋아요. 나는 내 집이 있는 천국으로 가는데 저 썩을 것들은 몽땅 지옥에 가게 생겼으니 어찌하면 좋아요. 목사님 내 새끼들 지옥가지 않게 해주세요. 하나님이 나를 위해 천국 문을 열고 들어오라고 하십니다."

부활대망예배를 드리던 자녀들뿐만 아니라 모든 사람들이 어머님의 목소리를 들으면서 통곡하며 회개하다가 절제가 되질 않아서 장소를 교회로 옮겨서 구원으로 초청하는 예배를 드렸다.

장례예식은 이렇게 목사가 조금만 준비하면 많은 사람들을 천국으로 인도할 수 있는 황금어장이다. 장례예식은 고인이 천국 가고 있는 모습을 보여주는 예배이다. 이 예배시간보다 더 전도하기 좋은 방법은 없다. 천국에 간다는 것을 깊이 생각하지 못하고 살았어도 이 시간만큼은 천국 가고 있는 모습을 생생하게 중계만 할 수 있다면 장례예식에 참여한 모든 사람들이 성령의 역사를 경험할 수 있게 되는 것을 보게 된다.

그동안은 장례예식을 통하여 고인이 하나님의 부름에 따라 천국에 입성한다는 것을 보여 주지 못하기 때문에 세상 사람들은 탄식할 수밖에 없었고, 그들은 하나님의 아들들이 천국으로 이사 가고 있는 모습을 보기 위해 고대하다가 큰 실망 속에서 기독교를 조롱까지 하는 것을 보게 된다. 만약 마라톤 선수가 42.195 킬로미터를 향하여 스타디움에 들어오고 있는데 생생함은 고사하고 남의 이야기처럼 성의 없게 중개하고 있다면 모든 비난을 받게 될 것이다.

사람들은 기대를 하고 있다. 혹시 천국에 들어가는 모습을 볼 수 있을까하고 그의 영혼 깊은 곳에서부터 간절함을 넘어서 불 속에서 살기 위해 몸부림치는 사람처럼 애절하게 기다리고 있다는 것이다. 그렇게 천국 가는 모습을 보기 원하고 있기 때문에 볼 수 없을 때는 분노가 다툼으로 이어지면서 장례예식을 부끄럽게 만드는 것도 볼 수 있다.

이와 같은 현장을 기억하면서 1부에서는 장례예식에 대한 이론과 실제를 소개한 후 2부에서는 장례예식을 3부에서는 장례예식 순서를 4부에서는 장례예식 설교문을 담았다. 아무쪼록 예수를 그리스도로 믿어 하나님의 딸이 된 우리 어머니 최경순 권사님이 예수님의 신부가 되어 천국에 입성하시는 모습을 상상해 보면서 이제는 한국교회가 천국에 입성한다는 것이 무엇인지를 교회와 세상에 보여 줌으로 교회 안에서는 신앙의 유산을 남기기 위한 신앙생활을 하면서 기독교 명문 가정을 만들고, 교회 밖에 있는 사람들에게는 구원으로 초청하는 가장 좋은 기회가 될 수 있기를 간절히 소망해 본다.

『우리 어머님 예수님 신부로 천국에 입성해요』라는 장례예식서가 나오기까지 함께 연구에 참여하고 한국성서대학교 신학대학원에서 실천신학개론을 청강해 준 사랑하는 원우들과 항상 곁에서 힘이 되어 주며 더 생생하게 만들어 준 성덕중앙교회 김준수 목사님, 많은 기도로 도와 준 남창희 · 김복미 집사님 부부, 그리고 이 책을 위해서 기꺼이 추천사를 써주신 김의원 박사님, 민찬기 목사님, 박명일 목사님, 이찬수 목사님에게 감사드립니다. 또한 이 책이 출판되기까지 도와 준 기독교문서선교회(CLC) 박영호 대표님에게 진심으로 감사드립니다.

끝으로 필자를 선교사 남편으로 인정하고 있는 사랑하는 아내 김연희 사모와 내 꿈을 이루어 가는 사랑하는 딸 은혜와 하나님의 아들로 든든하게 세워져 가는 사랑하는 아들 선열이 그리고 하나님을 목소리로만이 아니라 온 몸으로 영혼의 찬양을 하고 있는 필자의 동역자인 예쁜 딸 성경이와 늘 기도해 주시는 장모님과 형제들에게도 감사드립니다. 끝까지 기도로 함께 하면서 천국 가는 길을 함께 거닐고 있는 하늘가족교회 성도님들에게 진심으로 감사드립니다. 그리고 이 장례예식서 "우리 어머님 예수님 신부로 천국에 입성해요"라는 제목으로 3판을 기다리면서 기도해 주신 모든 분들께 진심으로 감사드리며 이 책이 출판될 수 있도록 후원과 자료제공을 해 주신 아름다운앤플러스상조(주)의 최영찬 대표님과 직원분들에게 감사드립니다.

2016년 4월 3일 부활절 아침
하나님의 아들

우리 어머님 예수님 신부로
천국에 입성해요

◀ 목차 ▶

추천사 1_(김의원 박사/ 전 총신대학교 총장)   5
추천사 2_(민찬기 목사/ 예수인교회 담임, 기독신보 이사장)   7
추천사 3_(박명일 목사/ 제주국제순복음교회 담임)   9
추천사 4_(이찬수 목사/ 분당우리교회 담임)   11

저자서문   12

제1부 장례예식에 대한 이론과 실제

1. 들어가는 말   35
2. 장례예식의 명칭 변경   37
3. 임종예배를 '소천예배'로   39
4. 입관예배를 '소천송별예배'로   43
5. 발인예배를 '천국환송예배'로   46
6. '천국입성예배'   51
7. 하관예배를 '부활대망예배'로   54
8. 추모예배를 '소천기념예배'로   57

제2부 장례예식

1. 소천예식　　　　　　　73
2. 소천송별예식　　　　　85
3. 천국환송예식　　　　　91
4. 천국입성예식　　　　　96
5. 부활대망예식　　　　　100
6. 소천기념예식　　　　　103
7. 결론과 제언　　　　　　106

제3부 장례예식 순서

1. 소천예배 순서　　　　　109
2. 소천송별예배 순서　　　116
3. 천국환송예배 순서　　　122
4. 천국입성예배 순서　　　127
5. 부활대망예배 순서　　　130

6. 소천기념예배 순서　　　135

제4부 장례예식 설교문

1. 천국부름예배　　　141
2. 소천송별예배　　　158
3. 천국환송예배　　　176
4. 천국입성예배　　　186
5. 부활대망예배　　　192
6. 소천기념예배　　　209

부록: 장례 용어 설명　　　232

우리 어머님 예수님 신부로 천국에 입성해요

제 1 부
장례예식에 대한 이론과 실제

1. 들어가는 말
2. 장례예식의 명칭 변경
3. 임종예배를 '소천예배'로
4. 입관예배를 '소천송별예배'로
5. 발인예배를 '천국환송예배'로
6. '천국입성예배'
7. 하관예배를 '부활대망예배'로
8. 추모예배를 '소천기념예배'로

제 1 부
장례예식에 대한 이론과 실제

1. 들어가는 말

　한국에 기독교가 들어온 지 한 세기가 지났는데 아직도 성경적 장례신학을 정립되지 못하여 기독교 장례나 추모예식이 타 종교 장례의식에 토착화되어 고인이 천국 간다는 것을 표현하지 못하고 있다. 그래서 장례예식을 집례하는 목사님들이 종종 이단 시비에 말려드는 것도 볼 수 있다.

　장례나 추모예식은 결혼예식과 달리 유교와 불교 의식에 토착화되어 있기 때문에 예수 그리스도의 십자가 구원과 부활신앙을 표현하지 못하고, 하나님의 자녀가 되어 그의 아버지 집인 천국에 간다는 '소천신학'을 드러내지 못하고 있다. 이로 인하여 예수께서 그렇게 원하고 계신 장례예식을 통하여 복음을 전파하지 못하는 정도가 아니라 걸림돌이 되어 가정불화까지 일으키는 것을 종종 보게 된다. 장례와 추모예식이 기독교 진리를 가장 잘 표현할 수 있는 황금어장인데도 이처럼 타 종교에 토착화되어 기독교 진리를 왜곡시키고 있는 것을 보면서 소천신학에 따른 기독교 장례예식을 빠른 시일 안에 정립하여 기독교 진리가 명료하게 표현될 수 있길 소망하면서 본서를 쓰게 되었다.

본서는 소천신학을 기초로 한 성경적인 장례신학을 정립할 뿐만 아니라 한국교회가 예식과 신앙과 삶이 하나로 만드는 출발점이 되길 기대한다. 초대교회는 케리그마(Kerygma) 중심이었던 십자가와 부활신앙[1]을 장례예배를 통하여 표현함으로 성도들의 신앙이 의식이 되었고, 이런 의식들은 생활을 인도할 수 있게 함으로 복음이 삶으로 표현되는 축제의 장례예식이 되었다.

이를 위하여 본서에서는 기독교 장례와 추모예식이 입고 있는 유교와 불교 그리고 샤머니즘의 옷을 벗기고, 성경적인 진리의 옷을 입힐 수 있도록 하기 위해 먼저 유교와 불교적인 장례의식 명칭을 성경에서 말씀하고 있는 소천신학을 근거로 한 명칭으로 바꾸고자 한다. 이와 같이 명칭이 확정되면 설교, 기도, 찬송 그리고 예식절차까지도 명칭에 따라 누구나 쉽게 기독교 장례예식을 이해할 것이다. 이렇게 기독교 장례예식이 명료해지면 기독교인들이 천국에 가는 것은 예수를 그리스도로 믿어 하나님의 자녀가 되었

---

[1] C. H. Dodd, *The Apostolic Preaching and Its Developments*(New York: York Harper & Row. 1951), pp. 27-33.

기 때문에 그의 아버지 집인 천국에 가게 된다는 구원관도 분명해지는 계기가 될 것으로 사료된다.

성경에서는 하나님의 자녀들이 운명하는 것을 '죽었다'고 말하지 않고, 하나님이 천국으로 '불러갔다. 데려 간다'[2](창 5:24; 왕하 2:11; 시 102:24; 마 24:40; 눅 17:34; 요 17:15)고 말하고 있다. 그래서 오래전부터 한국교회는 하나님의 자녀들이 죽는 것에 대하여 '소천(召天)했다'[3]고 하였다. 이와 같은 소천신학을 근거로 본 논문을 전개하고자 한다. 하나님의 부름에 따라 천국으로 이사 가는 것은 완전하고 영원한 예배를 하나님 아버지의 영광을 누리면서 드리기 위해 예배 장소를 천국으로 바꾸기 위한 것이다.

2. 장례예식의 명칭 변경

한국 선교가 시작되면서부터 기독교 장례예식을 타 종교에서 사용하고 있는 명칭뿐만 아니라 의식까지도 그대로 사용했기 때

---

[2] 성경에는 죽음에 대하여 다양하게 표현한다. 신체적 죽음은 일반적으로 신체의 중단 상태를 가리키지만(삼하 14:14; 롬 6:23; 히 9:27) 경우에 따라 기력이 쇠한 것을 가리킨다(고후 4:12, 16). 영적 죽음은 죄, 하나님과 단절상태를 가리키고(창 2:17; 마 8:22; 요 5:24-25; 8:21,24; 롬 6:23; 엡 2:1; 약 5:20; 유 1:12; 계 3:1), 둘째 사망은 하나님과 영원히 단절되는 것을 말한다(마 10:28; 계 2:11; 20:6, 14-15; 21:8). 죄에 대한 죽음은 그리스도와 함께 죽었다가 다시 살아나 하나님께 대하여 살게 됨으로써 죄와의 모든 관계를 청산한 것을 뜻한다(롬 6:4, 6, 11).

[3] 임택진, 『기독교가정의례지침』(서울: 한국문서선교회, 1991), p. 146.

문에 성경적인 장례예식을 기대한다는 것은 거의 불가능한 일이었다. 타 종교 장례의식인 임종, 입관, 발인, 하관, 추모식에 대한 어떤 신학적인 작업도 없이 예배라는 명칭만 붙여 그대로 사용했기 때문에 타 종교 의식 안에서 설교하고, 기도하고, 찬송할 수밖에 없었다. 타 종교 의식뿐만 아니라 그 의식에 맞추어 기도와 설교를 하다 보니 의식이 유교식이 아니라고 조롱을 하는어처구니 없는 일들을 당하게 되었다. 이는 당연한 것이었다. 유교의식을 다 따라할 수가 없었기 때문에 변질된 유교의식에 불과했다. 더욱 목사님들마다 각기 다른 모습으로 장례 집례를 인도했기 때문에 교회 안팎에서 볼 때 질서도 없는 모습으로 보일 수밖에 없었다. 의식과 상관없는 기도와 설교를 하기 때문에 계속하여 혼선이 야기되어왔다.

  모든 예배는 분명한 목적에 따라 제목이 결정되어 신학적인 검토가 있은 후 그 목적에 따라 설교와 기도와 찬송과 예식이 이루어져야 한다. 그런데 유교에서도 샤머니즘으로 보고 있는 변질된 장례예식을 기독교가 따라하고 있었던 것이다.

  지금까지 문제가 많은 기독교 장례예식에 대하여 어떤 신학적 검토도 하지 못하고 정착되어 버렸기 때문에 구원관도 늘 흔들리고, 성리학이 기초가 되어있는 한국 사회에서 성경이 해석되다보니 기독교 명문 가정에 대한 모델도 제시하지 못하게 되었다. 이와 같은 타 종교 장례의식이 기독교 장례예식 안에 들어와 자리를 잡고 있는 것이 무엇인가를 찾아 성경 속에서 제시하고 있는 장례예식을 통하여 거룩한 장례예식을 대안으로 제시하길 원한다. 더 이상 미룰 수 없는 상황이 되었기 때문에 성경적 장례예식을 빨리 만들어 장례예배가 신앙생활의 기초가 될 수 있게 해야 하겠다는 사명을 가지고 이를 위해 먼저 명칭을 바꾸고, 이 명칭에 따라 예식을 기독교식으로 제정하여 장례예식이 기독교 진리를 담을 수 있도록 하고자 한다.

3. 임종예배를 '소천예배'로

임종(臨終)이란 사람이 운명(殞命)하는 것을 지켜보는 것을 말한다.[4] 성경에서는 임종에 대하여 하나님 아버지께서 사명을 다한 그의 자녀들을 천국으로 '데려 간다', '옮겨 간다'[5]고 말하고 있다. 이런 의미에서 소천(召天)[6]을 사용하는 것이 타당하다고 사료된다.

---

4 새국어사전』, (서울: 동아출판사, 1994), p.1672.
5 창 5:24; 왕하 2:11; 시 102:24; 마 24:40; 눅 17:34; 요 17:15.
6 '소천(召天)'은 '부를 소(召)' '하늘 천(天)'이다. 글자 뜻으로만 보자면 '하늘의 부르심' 즉 하나님의 부르심이다. 개신교계에서 언제부터 이 단어가 쓰였는지는 불확실하다. 하지만 이 용어의 문법적 구성에 대해 개신교계 내부에서도 고민이 많다. '~하다'를 붙여 동사로 쓸 수가 없기 때문이다. '하다' 혹은 '했다'고 할 수 있는 이는 하나님뿐이다. 그래서 정확히는 '소천됐다' 혹은 '소천당했다'고 써야 한다. '소환(召喚)'과 한가지다. 개신교에서는 죽었을 때 "소천(召天)했다"고 하는데 이는 능동태로서 자신의 의지가 반영되므로, 수동태로서 하나님의 의지가 담긴 "하나님의 부르심을 받았다" 또는 "하나님나라로 부름을 받았다"고 함이 옳다고 생각한다. 차라리 수동태로 "소천을 받았다고 한다"거나 "하나님의 부르심을

먼저는 예수를 그리스도로 믿어 하나님의 자녀가 될 수 있도록 하나님을 등지고 있는 죄에서 부르시고, 잠깐 이 세상에서 살게 하면서 그의 형제들을 전도하여 하나님의 자녀로 회복시켜 구원받게 하는 사명을 감당하게 하신다. 이 사명을 다하게 되면 '하늘의 부르심' 즉 하나님 아버지께서 천국으로 '불러간다'[7]는 것이 성경에서 말씀하고 있는 기독교의 진리다. 이렇게 하나님 아버지께서 자신을 등지고 죄 가운데 머물고 있는 자들을 그의 자녀로 회복시키시기 위해 예수를 그리스도로 믿게 한 후 천국으로 데려가시는 이유는 영원하고도 완전한 예배를 하나님 아버지의 영광을 누리면서 드릴 수 있게 해 주시는 영생이기 때문에 이를 위함이다.

그러니까 사람이 죽음의 문을 열고 천국에 들어가는 것은 완전한 예배를 영원토록 드리며 영생을 누리기 위한 것이다. 이를 위해 하나님 아버지께서는 탕자가 된 자들을 다시 그의 자녀로 회복시켜 하나님의 자녀로 살 수 있도록 특권을 주어 이 세상에서도 희미하지만 예배의 기쁨을 누리며 살게 만들어 주셨다. 다른 사람을 구원하는 각자의 사명이 끝나면 하나님 아버지께서는 그의 면전에서 영원토록 완전한 예배의 영광을 누리도록 불러[8] 구원을 완성시

받았다" 또는 "주님의 품안으로 부름을 받았다"고 표현함이 좋으나 "소명(김命)을 받았다" 함이 좋다고 본다. 일반적으로 개신교 목사님들이 돌아가셨을 때에 '별세' 혹은 '영면(永眠)'이란 용어를 쓰고 있으나 필자는 소천으로 쓴다.
7 욥 27:8; 눅 12:20; 행 23:11; 요 21:19, 22.
8 롬 8:30; 고전 1:9; 히 9:15.

키시기 위해 죽음의 문이 아니라 천국 현관문을 열고 하나님 아버지 집인 천국으로 불려 간다는 것이 기독교에서 말하는 구원이다.

이러한 '소천신학'을 '임종예배'라는 명칭으로 표현할 수 없기 때문에 성경에서 부르신다는 말씀을 기초로 신앙의 선배들이 간헐적으로 사용했던 '소천예배'로 변경한 것이다. 신앙의 선배들은 임종예배를 소천예배라고 하지는 않고 발인예배를 소천예배라고 했지만 임종예배를 소천예배라고 부르는 것이 신학적으로 옳다고 생각하여 '소천예배'라고 한 것이다.

'소천예배'로 드리자고 하는 가장 큰 이유는 하나님 아버지께서 그의 자녀들을 불러 영원토록 천국에서 살면서 하나님의 전능하심과 그 큰 사랑과 영광을 누리면서 살 수 있도록 하기 위해 부르신다는 것을 강조하기 위함이다. 이렇게 하나님 아버지께서 그의 자녀들을 천국으로 데려가는 것을 보면서 아직 하나님의 자녀로 회복되지 못한 자들로 예수께서 그들의 죄를 대신하여 십자가를 지시고 죽어 장사되었다가 사흘 만에 부활하신 그리스도임을 믿게 하여 하나님 아버지의 자녀로 천국 가고 있는 삶을 살 수 있도록 하기 위함이다. 그리고 '소천예배'는 그동안 신앙의 선배들이 천국에서 하나님의 영광을 누리면서 살 것들을 흠모하면서 사용했던 명칭이다.

사람들이 천국에 갈 수 있는 것은 이렇게 예수께서 자신의 그리스도임을 믿어 하나님의 자녀가 되어야 자녀의 자격으로 가는 것이다. 그러므로 천국은 착한 사람이 되어야 가는 것도 아니고, 무엇을 잘 했기 때문에 가는 것도 아니라 하나님 아버지의 자녀가 된 자들이 그의 아버지 하나님이 계시고, 창조주이신 예수 그리스도께서 전능하신 능력으로 만들어 준 집이 천국에 있기 때문에 들어간다는 것을 종말론적 임종을 기다리면서 믿을 수 있도록 해야 한다. 하나님께 부름 받은 본인뿐만 아니라 가족들도 임종하고 있는 자가 하나님의 자녀가 되어 천국을 소망하면서 자녀로 살다가 하나님 아버지의 부름에 따라 영원한 예배를 드리기 위해 천국에 가고 있다는 것을 믿을 수 있도록 하여 구원으로 초청하는 전도의 장이 되게 해야 한다.

이렇게 '소천예배'를 소천신학에 따라 드리게 되면 불교와 유교적인 장례틀에서 벗어나 기독교 장례예식이 천국에 보내드리는 것임을 보여 주게 되면 기독교 진리가 무엇인가를 깨닫게 할 수 있고, 전도할 수 있는 기회를 만들 수 있다. 유족에게 가장 큰 위로는 천국으로 이사 가고 있다는 것을 예배와 예식을 통하여 눈으로 생생하게 볼 수 있게 하는 것이다. 고인이 천국에 가고 있다는 사실을 믿게 된다면 유족들이나 조문객들도 천국에 들어가고 싶은 열망이 생기도록 성령께서 역사하신다는 것이다. 이런 이유 때문에 임종예배가 아니라 소천신학의 의미를 담고 있는 '소천예배'를 드리자는 것이다.

이렇게 예배의 명칭이 소천신학에 따라 분명해지면 예배를 드리는 목적과 방법 그리고 절차까지도 명료해 질 것이기 때문에 설교나 기도로 이단 시비가 발생하지 않을 것이다. 이와 같이 예배가 명료해지면 예배의 방향이 분명해지기 때문에 하나님 아버지의 부름에 따라 천국에 이사 간다는 것을 예배를 통하여 분명하게 표현할 수 있게 될 것이다. 부름 받은 자도 죽음의 문을 여는 것이 아니라 천국 현관문을 열고 영원한 예배의 기쁨을 위해 자기 집이 있는 천국에 들어간다는 확신이 주어지게 되면 죽음에 대한 두려움에서 벗어날 수 있다. 그뿐 아니라 기쁨으로 찬송을 부르면서 은혜 받기 위해 교회 가는 것처럼 완전한 교회인 천국으로 예배드리기 위해 이사 간다는 것을 가족들도 받아들이는 정도가 아니라 이러한 신앙적 삶을 소천예배를 드린 후부터 살아가기 때문에 임종 때에는 큰 기쁨과 소망과 위로를 누리면서 받아들이게 될 것이다.

4. 입관예배를 '소천송별예배'로

입관예배도 성경이 말씀하고 있는 소천신학을 표현한 것이 아니다. 유교적인 장례의식을 그대로 사용하고 있을 뿐만 아니라 설교와 기도 그리고 찬송도 입관식이 기독교적이 아니기 때문에 입관예배라고 하면서도 입관식 자체가 이교적이기 때문에 입관예배와는 전혀 상관없는 예배를 드리고 있는 것을 보게 된다. 입관식에 대한 기독교적인 규례가 없기 때문에 성도들이나 유족들은 기독교 장례와 유교의식을 구분 못하고 혼란에 빠지게 되는 것을 보게 된다. 이는 모두 기독교 장례예식이 명료하지 못하기 때문에 발생하는 것이다. 염하는 것이나 상복을 입는 것이나 시신을 묶는 것 때문에 의견 차이를 보이면서 다투는 것을 보게 된다. 이는 성경에서 입관식을 어떻게 하였는지 살피지도 않고, 입관에 대한 성경적인 장례신학이 정립하지 못했기 때문이다.

그러므로 유교적인 입관의식이 아니라 성경에서 보여 주고 있는 입관식을 근거로 한국의 입관식에 역토착화하여 소천신학을 표현할 수 있도록 역토작화 작업을 해야 기독교적인 입관식이 될 것이다. 그래서 먼저 명칭을 변경하고, 그 명칭에 따라 신앙의 유산을 어떻게 계승 발전시켜 기독교 명문 가정을 만들 것인가를 설교하여 기도로 헌신하고 찬송으로 영광을 돌리는 예배를 드린다면 예배와 예식이 명료해지면서 신앙에 큰 유익을 얻게 될 것이다.

이를 위해 입관예배를 '소천송별예배'로 명칭을 바꾸게 된 것이다. 하나님 아버지께서 그의 자녀를 천국으로 부르면 영혼은 먼저 천국의 한 장소인 낙원으로 가지만 육신은 입관을 하여 장사했다가 주님께서 재림하실 때 부활하여 천국에 들어가게 된다. 물론 예수를 그리스도로 믿지 않았던 자들의 영혼은 지옥의 음부에 가 있다가 예수 그리스도께서 재림하실 때 부활하여 다시 영원한 지옥으로 들어가게 된다.

그러나 예수를 그리스도로 믿어 하나님의 자녀가 된 자들은 이미 영혼은 천국의 낙원에 갔지만 그의 몸은 흙으로 돌아가서 그가 남긴 신앙의 유산들을 유족들이 계승 발전시키면서 기독교 명문가정을 만들어가도록 신앙의 표본이 된 것들을 찾아야 한다. 그러므로 고인의 얼굴을 천국에서 만날 때까지 다시 볼 수 없지만 믿음을 지키면서 살아온 것들을 구약의 믿음의 조상들이 보여 준 것과 같이 가족들은 믿음에서 떠나지 않기 위해 다짐하면서 드려야 하는 예배시간이기 때문에 이러한 장례 신학을 담을 수 있도록 하기 위해 입관예배가 아니라 '소천송별예배'라고 명칭을 바꾸어 드리게 된 것이다.

예수를 그리스도로 믿지 않았던 사람은 하나님의 자녀가 아니기 때문에 그들의 아비가 있는 지옥으로 가는 불행한 이별을 하지만 예수를 그리스도로 믿고 하나님의 자녀가 된 자들은 천국에서 다시 만나 영원토록 하나님 아버지의 영광을 누리면서 살 수 있기 때문에 큰 위로와 소망을 가지고 송별하게 되는 것이다. 그러므로 '소천송별예배'는 구원의 확신과 기쁨을 누리면서 남겨주신 신앙의 유산들을 계승 발전시킬 수 있는 예배로 드려야 한다.

이렇게 하나님 아버지의 자녀들의 죽음은 영원한 사별(死別)이 아니라 주님 재림 때 천국에서 다시 만나 영원토록 구원의 기쁨을 가지고 완전한 예배를 드리기 위한 약속하는 송별이다.[9] 이렇게 소천신학을 근거로 한 '소천송별예배'로 드린다면 예배뿐만 아니라 예식이나 절차도 천국에 대한 소망을 가질 수 있도록 집례할 수 있게 됨으로 기독교의 내세신앙을 가지고 '소천송별예배'를 드릴 수 있을 것이다.

5. 발인예배를 '천국환송예배'로

발인식(發靷式) 혹은 고별식(告別式), 영결식(永訣式)이라고도 부르는 발인의식은 한국 기독교에 이교적인 문제점들을 남겨 주고 있다. 그런데도 그동안 어떤 신학적인 검토도 없이 '발인예배'라는 명칭으로 예배를 드려왔다. 특히 발인예배 시간에는 많은 조문객도 함께 예배를 드리기 때문에 고인이 어떻게 하나님 아버지의 자녀가 되었는지 그리고 그동안 살면서 하나님 아버지께서 주신 구원의 소명을 감당하면서 신앙의 유산들을 남겼는지를 소개할 수 있는 좋은 기회이다. 그런데 발인예배로 드리고 있기 때문에 한국 전통적인 장례의식도 아니고, 각자에게는 종교의 자유가 있는데 왜 이를 무시하는 기독교식으로 강요하느냐고 오해를 하고 있다.

---

9 『아가페 신학 사전』(서울: 아가페출판사, 2001), p. 955.

단지 절하지 않고, 향을 피우지 않는다는 것이 기독교식으로 오해를 하고 있는 것이다. 이 두 가지를 하면 기독교식이 아니고, 안 하면 기독교식이라고 오해를 하고 있는 것이다. 이 두 가지가 기독교 진리를 대변하는 것은 아니다.

발인의식뿐만 아니라 다른 장례의식도 절차나 방법에 문제가 있는 것이 아니다. 하나님께서 고인을 부르심으로 그의 영혼은 이미 천국으로 데려갔고, 몸은 주님 재림하실 때까지 흙으로 돌아가서 잠자다가 부활한다는 것을 예배와 예식을 통하여 표현함으로 천국에 보내드리는 기쁨을 누리는 것이 장례예식이다. 특히 발인예배로는 기독교 소천신학을 표현할 수 없었고, 천국입성을 위해 떠나가는 기독교 구원을 예배와 예식을 통하여 보여 주지 못했다.

고인이 하나님 아버지의 자녀로 성삼위 하나님과 천군천사들과 먼저 간 신앙의 선배들의 환영을 받으면서 천국에 입성한다는 것을 발인예식을 통하여 보여 주지 못하였다. 고인은 하나님 아버지의 부름에 따라 그동안 살던 곳을 떠나 예수 그리스도께서 재림할 때까지 장지에서 잠자다가 부활하여 낙원에 가 있는 영혼과 다시 만나 부활의 온전한 몸으로 천국에 들어가는 것을 생생하게 유족이나 조문객으로 알 수 있도록 예배와 예식을 집례하면서 환송해야 한다. 이와 같은 소천신학을 담을 수 있도록 발인예배라는 명칭을 '천국환송예배'로 바꾸어 드림으로 천국에 대한 소망을 가질 수 있게 하였다.

이미 옥한흠 목사와 하용조 목사께서 천국으로 이사 가시면서 '천국환송예배'라는 명칭을 사용함으로 보편화되고 '발인예배'라는 명칭은 기독교 안에서 사라지게 되었다. 한 나라의 대사의 일을 성공적으로 끝내고 총리로 임명을 받고 귀국하는 대사를 대사관 직원들이 공항에 나와 어떻게 환송하는지를 기억하면서 '천국환송예배'를 드린다면 기쁘게 환송할 수 있을 것이다. 이렇게 드리는 '천국환송예배'는 사람들로 천국을 대망하게 만들어 주는데 충분하였다.

사람들이 죽음의 문을 통과하면서 두려움에 쌓이고, 슬픔을 감추지 못하는 것은 자신이 지은 죄의 짐 때문에 죽음의 문을 열고 마귀가 기다리고 있는 지옥에 들어갈 수밖에 없다는 생각 때문이다. 하나님의 자녀로 회복되지 못한 자들은 죽음의 문을 열고 있는 것이 아니라 사실 지옥 문을 열고 들어가기 때문에 두려워하는 것이다. 그러나 예수를 그리스도로 믿어 하나님의 자녀가 된 자들은 죽음의 문 뒤에 마귀가 아니라 그의 아버지 하나님께서 기다리면서 천국으로 인도하고 계시기 때문에 하나님의 자녀들은 사실 죽음의 문을 열고 있는 것이 아니라 천국에 들어가기 위해 천국 현관문을 열고 들어간다는 것을 가르쳐 줌으로 슬픔이 아니라 큰 기쁨을 가지고 죽음의 문을 열고 천국에 들어가는 것을 보고 느낄 수 있게 해야 한다.

이렇게 천국에 들어가는 고인의 모습을 보면서 마치 유족과 조문객은 좋은 아파트를 준비하여 이사 가고 있는 분을 환송하듯이 천국에서 만나자고 하면서 기쁨으로 환송할 수 있도록 하나님의 임재를 볼 수 있게 해야 한다. 이러한 예식을 위해 저자는 '천국환송예배'라고 부르자고 하였고, 이를 생생하게 전달할 수 있도록 설교와 기도와 찬양을 드리면서 예식 절차가 천국의 기쁨을 표현할 수 있게 하였다. 그래서 '천국환송예배'는 전도할 수 있는 가장 좋은 기회이며, '천국입성예배'와 '부활대망예배'로 인도하여 천국에 들어갈 때까지 부활의 삶을 어떻게 살아야 하는가를 찾고 결단하게 하는 예배와 예식이 되게 해야 한다. 이를 위해 천국환송예배를 인도하는 목사님은 천국을 향해 출발하는 현장을 중계하듯이 함으로 '천국환송예배'가 하나님 아버지의 구원을 볼 수 있도록 최선을 다하여 성령의 인도를 받게 해야 한다.

조직신학에서는 육체적인 죽음과 영적인 죽음 그리고 둘째 사망인 영원한 죽음으로 구분하며 육체적 죽음을 영육의 분리라고 말하고, 영적인 죽음은 하나님과 분리이고, 영원한 죽음은 지옥으로 들어가서 영원토록 구원의 소망이 없이 사신 것이라고 한다.[10] 영적으로 죽어서 하나님과 분리된 자들이 예수를 그리스도로 믿게 되면 하나님의 자녀로 회복되어 살아가는 것이 영적으로 살아나 영생을 누리는 모습이다. 이를 위해 먼저 하나님 아버지께서

---

10 Millard J. Erickson, 『종말론』, 이은수 역 (서울: 기독교문서선교회, 1994), p. 58.

는 예수를 그리스도로 믿을 수 있도록 부른 후 다른 사람을 구원하는 사명을 주어 이 사명을 감당하게 성령으로 돕다가 완전한 구원을 위해 영혼을 먼저 낙원으로 부르고, 후에 주님께서 재림하실 때 잠들어 있던 육체도 부활시켜 완전한 몸으로 천국에 들어올 수 있도록 인도하신다(시 31:5; 눅 23:46; 행 7:59). 그러나 예수를 그리스도로 믿지 않은 자의 영혼은 음부로 내려갔다가 주님께서 재림할 때 그들도 부활하여 지옥으로 가서 영원토록 하게 된다(눅 16:23, 28).[11] 이를 둘째 사망이라고 부르는 영원한 죽음이다.

이렇게 모든 사람은 죽음을 통하여 영과 육이 분리되어 육체는 흙으로 돌아가 잠자다가(창 3:19) 예수 그리스도께서 재림하실 때에 하나님의 자녀들은 새로운 몸으로 부활하여 영과 다시 만나 그의 아버지 하나님이 계신 천국에서 영원히 살게 된다. 이러한 과정이 장례예식인데, 발인은 육체가 그동안 살던 곳을 떠나 천국에 입성하기 위해 출발하기 때문에 장송곡이 아니라 영광스러운 찬송을 불러 주면서 기쁨으로 환송하는 것이다. 이와 같은 여정의 출발이 바로 '천국환송예배'이다. 이 때 설교와 예식을 통하여 이러한 소천신학을 명료하게 보여 주어야 한다. 그래서 천국환송예배는 국장보다도 더 아름답고 거룩하게 준비하여 집례한다면 천국의 기쁨을 유족들과 조문객들 모두가 누리면서 구원받는다는 것

---

11 Ibid., p. 66.

이 무엇인가 이해하고 천국을 소망하면서 환송하게 될 것이다.

6. '천국입성예배'

그동안 기독교에서는 매장을 하는 것을 원칙으로 하고 매장을 선호해 왔는데, 이제는 매장과 화장에 대하여 갑론을박하며 변론할 때는 지나가게 되었다. 이렇게 화장이 보편화되어 있지만 화장터에서 예배를 집례하는 목사는 어떤 명칭도 없이 예배를 드리기 때문에 어떻게 집례해야 할지를 모르고 어떤 설교를 하고 기도를 해야 하는지도 모르고 당황해하는 모습을 보게 된다. 저자는 이 예배를 '천국입성예배'라고 칭하였다. 왜냐하면 장례식장에서 고인을 천국으로 환송했지만 보내는 아쉬움이 사라지기도 전에 화장을 해야 한다는 큰 부담 때문에 슬픔을 감출 수 없는 모습을 화장터에서 보게 된다. 그래서 한 번 더 고인이 천국에 가고 있다는 것을 확인시켜 주면서 믿음으로 견고하게 설 수 있도록 만드는 것이 예배를 드리는 목적이 되어야 하기 때문이다.

이러한 이유뿐만 아니라 소천신학적으로도 하나님의 부름과 함께 이미 영혼은 천국에 가셨지만, 몸은 예수 그리스도께서 재림할 때까지 화장된 상태로 있다가 전능하심으로 부활하여 온전한 몸으로 영원한 천국에 들어가는 과정을 장례예식을 통하여 표현해야 하기 때문에 천국입성예배라고 한 것이다. 고인은 매장되어 흙으로 돌아가든지, 화장되어 어떤 상태로 보관되든지 창조주이신 예수 그리스도께서는 부활시키는데 전혀 문제가 없다. 그러므로 화장을 해서 고인의 모습을 기억할 수 없도록 만들었어도 이를 천국에 입성하는 것으로 말하고 납골당에 보관을 하든지 아니면 수목장을 하든지 신앙의 유산을 기억하면서 기독교 명문 가정을 만들게 하면 신학적으로는 문제가 없다. 그래서 장례예식장에서 '천국환송예배'를 드렸으니 이제는 장차 주님께서 재림하실 때 온전한 몸으로 부활하여 천국에 입성하지만 지금은 온전한 몸으로 천국에 입성하는 것을 기다릴 수 있도록 천국입성에 대하여 강조해 줌으로 소천신학이 드러나게 해야 한다.

이렇게 하나님께서 부르심으로 고인은 죽음의 문을 통과하여 천국에 입성하는 과정을 나누어 예배드리면서 예수 그리스도의 구원 역사를 표현하는 장례예식이 된다면 화장도 한 과정이기 때문에 '천국입성예배'로 드리면서 구원의 역사를 좀 더 자세히 이해할 수 있는 기회가 되는 것이다. 화장이라는 또 하나의 과정이 우리 기독교 문화에 주어지게 되었는데, 이를 '천국입성예배'라고 칭하고 천국입성하는 것이 무엇인가를 말함으로 죽음이 천국 현관문을 열고 들어가게 된 것이라는 사실을 예배를 통하여 드러낸다면 모두에게 구원의 역사를 이해하고 믿을 수 있게 할 수 있는 기회가 될 것이다. 이름도 없이 드리는 것보다 천국에 입성한다는 사실을 전하면서 예배를 드리게 되면 고인이 천국에 간다는 것을 한 번 더 확인하면서 유족들과 조문객들에게 천국에 들어가는 현장을 다시 한 번 보여 주면서 구원의 기쁨을 누리며 환송할 수 있게 만들 것이다.

'소천예배'를 드리면서 하나님의 부름에 따라 영혼은 천국의 낙원으로 갔다는 것을 확인시켜 주면서 육체는 주님께서 재림할 때까지 안장되어 있다가 부활하여 온전한 몸으로 천국에 들어간다는 것을 말해 왔다. 매장하여 시신이 흙으로 돌아가는 것이나 화장하여 태워지는 것이나 빙장을 한다고 해도 주님께서 부활시키는데는 전혀 문제가 없다는 것을 강조하여 화장한다는 부담을 덜어주어야 할 것이다.

그러나 매장해 놓고 유족들이 산소에 가서 고인이 부활을 대망하고 있는 것을 늘 확인하면서 부활신앙을 확인하는 것과는 달리 화장을 하여 강이나 바다에 뿌리거나 수목장이나 납골당에 보관하게 되면 부활을 대망한다는 사실을 유족들에게 확인을 시켜주는데 약점이 주어지기 때문에 이를 보안해야 한다. 그러므로 먼저 화장 전에 천국에 입성했다는 사실을 예배를 통하여 확인을 해 주고 강이나 바다에 뿌리거나 수목장이나 납골당에 보관하면서 고인이 부활을 대망한다는 사실을 유족들에게 믿을 수 있도록 확인을 시켜 줄 수 있는 '천국입성예배'를 드려야 한다.

7. 하관예배를 '부활대망예배'로

하관식은 고인을 안장하는 의식인데, 장례예식 중에서 가장 이교적 요소가 많이 노출되고 있다. 명당을 찾는 것이나 안장할 때 행해지는 의식들이 불교와 유교뿐만 아니라 샤머니즘 요소까지 더해지고, 지역마다 하관식 풍습이 달라서 하관예배를 드린다고 하지만 누가 보아도 기독교예식이라고 할 수 없을 정도다. 하관식은 비기독교적인 요소가 많기 때문에 하관예배의 설교나 기도나 찬송이 각각 통일성도 없이 그동안 불교와 유교와 샤머니즘적인 의식에 토착화된 하관예배를 드리고 있다. 기독교 장례예식에 따라 하관식을 한다고 하면서도 명당을 찾아 고인을 안장시키면서 각종 이교적인 의식들을 행하는 것을 보게 된다.

하관식은 고인이 부활을 대망하면서 잠들게 하는 것이기 때문에 기독교의 부활을 보여 주는 예식이 되게 함으로 유족이나 조문객이 부활신앙을 가지고 살 수 있도록 해야 한다. 이렇게 부활신앙을 심어주어야 할 하관예식이 이교적인 의식들로 되어 있기 때문에 기독교의 부활신앙은 찾을 수 없어서 슬픔과 탄식 속에서 이교도들과 같이 말하고 행동하는 것을 보게 된다. 성도들은 영원히 흙으로 돌아가는 것이 아니다. 예수 그리스도께서 재림하실 때 흙으로 돌아가 잠자고 있던 자들이 부활하여 이미 천국에 가 있는 영혼과 다시 결합하여 온전한 몸으로 하나님 아버지의 집인 천국으로

들어가서 영원토록 완전한 예배를 드리게 된다.[12]

이러한 부활신앙을 가장 잘 보여 줄 수 있는 예식이 바로 하관예식이기 때문에 하관예배를 '부활대망예배'로 명칭을 바꾸게 된 것이다. 고인이 얼마나 부활을 대망하면서 신앙생활을 한 것과 비록 잠들어 있지만 부활을 대망하고 있다는 것을 예배와 예식을 통하여 보여줌으로 유족과 조문객이 죽어서 흙으로 돌아가 영원히 사라지는 것이 아니라 부활의 소망을 가지고 있다는 것을 성경을 근거로 믿을 수 있게 하여 큰 위로와 기쁨과 신앙의 성장을 가질 수 있도록 해야 한다. 이를 위해 부활이라는 주제를 가지고 예배뿐만 아니라 예식까지도 부활을 대망할 수 있도록 하여 유족들이 고인이 잠들어 있는 것을 기억할 때마다 부활신앙을 회복할 수 있도록 해야 한다.

이렇게 '부활대망예배'를 통하여 부활신앙을 확실하게 제시한다면 하관예식에 참여한 모든 자들은 고인이 하나님의 아들 예수를 그리스도로 믿어 하나님의 자녀가 되었기 때문에 주님께서 재림하실 때 부활하여 그의 아버지 집인 천국에 들어간다는 것을 이해하고 신앙을 가질 수 있게 될 것이다. 그러나 반대로 예수를 그리

---

[12] 구약성서에서도 죽음으로 인간의 생명이 완전히 끝난다고 생각하지 않고(삼상 28:15 이하, 사 14:9 이하), 하나님의 심판이 있다(시 139;7-8)고 이해하면서도 거룩한 자는 죽음을 피하는 것으로 기록하고 있다. 에녹(창 5:24)과 엘리야(왕하 2:11)의 경우 그리고 욥은 죽음 이후에도 계속되는 삶을 간구하고 있다(욥 14:13). 이러한 사상은 부활신앙과 연관된다(사 27:19; 단 12:2).

스도로 믿지 않은 자들은 하나님의 자녀로 회복되지 못했기 때문에 마귀가 그들의 아비임으로 그들의 아비가 있는 지옥으로 들어가기 위해 주님께서 재림하실 때 부활한다는 것도 가르쳐 주어야 한다.

그러므로 '부활대망예배'는 죽음에 대하여 분명하게 이해할 수 있게 만드는 마지막 예배이다. 죽음이란 하나님의 자녀들이 소천과 함께 영혼은 이미 천국에 있는 낙원에 들어가 있고, 마귀의 자식은 죽음의 문을 통과하면서 먼저 영혼이 지옥에 있는 음부로 간다는 것을 말해 줌으로 예수를 그리스도로 믿어 구원을 받아야 한다는 것을 알고 믿을 수 있게 해야 한다.

이에 대하여 부자와 나사로의 비유에서 이미 잘 말해 주고 있다(눅 16:19-31). 부자와 나사로의 비유에서 볼 수 있는 것과 같이 음부에 가 있는 자까지도 세상에 남아 있는 형제들이 예수를 그리스도로 믿고 하나님 아버지의 집인 천국에 가기를 바라고 있다고 말해 주어야 한다. 이렇게 고인이 천국에 가기 위해 부활을 대망하고 있다는 것을 강조하여 이해하고 믿을 수 있게 하여 유족과 조문객들이 부활을 가지고 살아갈 수 있도록 구원의 자리로 초청하는 '부활대망예배'를 드려야 한다.

8. 추모예배를 '소천기념예배'로

　한국교회의 문제는 장례예식보다 더 심각한 것이 제사 대신에 드리고 있는 추모예배이다. 장례예식은 고인과 이별하는 큰 충격 속에서 한 번씩 드리는 것이기 때문에 깊이 생각하지 않고 지나갈 수 있지만 추모예배는 매년 지속적으로 드리기 때문에 분명한 소천신학을 보여 주지 않으면 가정불화와 갈등의 요인이 된다. 추모예배도 다른 장례예배처럼 성경적인 소천신학도 없이 불교와 유교의식에 샤머니즘까지 첨가되었다. 뿐만 아니라 지역마다 가정마다 다른 추모식과 추모예배를 드리고 있기 때문에 이교도적인 모습이 고인이 된 조상들에게 효도한다는 명분아래 되어 지기 때문에 하나님 아버지께 예배드린다는 것보다 고인을 추모하는 의식으로 변질되는 것을 보게 된다.
　이처럼 추모예배에 많은 문제점이 있지만 교회가 추모예배마저 드리지 않는다면 조상을 버렸다고 하기 때문에 한국적 상황 속에서 많은 어려움을 겪게 될 것이다. 이런 문제 때문에 추모예배를 폐기하자고도 하지만 이교도적인 의식보다 성경이 말씀하고 있는 조상들의 신앙의 유산들을 본받기 위해 예배를 드린다면 오히려 신앙적인 큰 유익을 얻게 될 것이다. 이스라엘 백성들이 여호와 하나님을 부를 때 아브라함과 이삭과 야곱의 하나님이라고 부르는 것과 같이 선조들의 신앙을 본받기 위해서 예배를 드린다면 이교적인 요소들도 쉽게 물리칠 수 있고, 이단 시비에도 빠지지 않을 수 있을 것이다. 기독교가 삶의 종교가 될 수 있도록 하기 위해서는 이런 의식들을 신학적으로 정리하여 신앙이 곧 삶이 될 수 있도록 해야 한다. 기독교인들에게는 특별계시인 성경이 절대적으로 필요하지만 일반계시인 일반은총도 있어야 삶 속에서 하나님의 역사를 누리면서 살아갈 수 있게 되는 것이다.

그러므로 기독교는 고인을 추모하는 것이 아니라 성경에서 믿음의 선배들의 신앙을 본받는 것과 같이 소천한 고인의 신앙을 기념하면서 본받을 수 있도록 추모예배가 드려져야 하기 때문에 '소천기념예배'로 명칭을 바꾸어 예배를 드리게 된 것이다. 고인의 신앙을 기념할 수 있는 예배 순서와 예식이 되게 하여 고인의 신앙생활을 돌아보면서 구체적으로 살아있는 기도와 성령의 역사, 생생하게 살아 역사하고 있는 말씀을 본받을 수 있도록 제시해야 살아있는 신앙생활을 할 수 있게 된다. 그리고 기독교 명문 가정을 만들어 갈 수 있는 것이다. 기독교 명문 가정을 만들어 가는 것은 소천기념예배를 어떻게 드리는가가 중요한 요소이다.

성경에는 신앙의 선배들이 하나님의 말씀에 따라 살았던 것을 기록하여 기억하면서 그들의 믿음을 본받으라[13]고 말씀하고 있다. 그런데 한국 기독교는 아직도 고인을 추도(고인을 생각하며 슬퍼한

---

13 히 11; 13:17, 24.

다)한다고 하고, 추모(고인을 그리워한다)한다고 하는 이교적인 습관을 아무 신학적 검증도 없이 받아들였다. 이 때문에 성도들은 갈등하게 된다. 추모예배라는 명칭으로 예배를 드리는 것은 고인을 인간적인 그리움 속에서 슬퍼하며 넋을 달래는 의식이기 때문에 성경을 기초로 하고 있지도 않고, 부활신앙이나 고인의 신앙을 본받는다는 것과는 아주 거리가 먼 이야기이다. 더욱 고인을 우상화하는 염려까지 나타나고 있기 때문에 바른 신앙을 가지고 있는 자들은 추모예배에 대하여 거부감을 나타내고 있는 것이다.

그러나 하나님의 부름에 따라 다른 형제들을 하나님 아버지께로 돌아오게 하기 위해 신앙생활 한 것을 기념하면서 본받게 하기 위해 '소천기념예배'를 드린다면 고인의 신앙이 유족에게 가장 큰 능력으로 나타나게 될 것이다. '소천기념예배'를 통하여 가족들도 고인의 신앙을 유산으로 삼기 위해 하나씩 정리하여 준비하여 간직하게 된다면 신앙생활에 자부심도 있고, 기독교 명문 가정을 만들어 가는 데 아주 유익하게 될 것이다. 그런데 그동안 한국교회는 겸손해야 한다는 생각 속에서 부모의 아름다운 신앙까지도 사장시키는 것을 미덕이라고 잘못 생각해 왔다.

이제는 부모의 신앙이 가장 가치 있는 유산으로 삼을 수 있어야 신앙이 계승되면서 발전할 수 있게 될 것이다. 이렇게 '소천기념예배'를 드리기 위해서는 신앙의 유산들을 미리 준비하여 보존하기 위해 고인의 '신앙 기념집' 같은 것을 만든다면 이는 분명한 신앙의 유산으로 남게 될 것이다.

  이와 같이 예배의 명칭이 명료해지면 예배의 성격도 분명해 질 뿐만 아니라 그 성격에 따라 예배를 드리게 됨으로 예배와 예식이 곧 삶이 되어 신앙생활로 표현될 수 있기 때문에 장례예식뿐만 아니라 모든 예배와 예식이 기독교인들의 삶으로 이어질 수 있을 것이다.

우리 어머님 예수님 신부로
   천국에 입성해요

제 2 부
장례예식

1. 소천예식
2. 소천송별예식
3. 천국환송예식
4. 천국입성예식
5. 부활대망예식
6. 소천기념예식
7. 결론과 제언

제 2 부
장례예식

　개신교의 특징이 예식보다는 특별계시인 말씀을 강조하다보니 예식을 소홀히 여기는 경향이 있다. 칼빈도 특별은총과 함께 일반은총을 강조하고 있고, 성경도 예식을 거룩하게 여기고 있다. 그런데 한국 기독교는 장례예식뿐만 아니라 다른 예식들까지도 타 종교뿐만 아니라 샤머니즘에까지 토착화되어 기독교 구원과 부활신앙을 거룩하게 구별하여 드리지 못하고 있다. 교계 지도자들이 예식을 거룩하게 구별해 주지 못하면 성도들은 어떻게 신앙생활을 해야 하는지를 몰라 힘들어 하는 것을 보게 된다.
　특히 장례예식은 더 그렇다. 잘못하면 우상숭배가 되고, 이단이 되기 때문에 조심스럽지만 율법화되지 않도록 하면서도 자율적으로 적용할 수 있도록 어느 정도는 규정을 해 주어야 신앙생활을 구원의 기쁨을 가지고 거룩하게 할 수 있게 된다.
　그동안 이단 시비에 걸릴까봐 쉽게 장례예식의 모범을 제시하지 못하고 지나왔다. 그러나 이제는 한국교회가 신학적으로나 목회적으로 성장해 있기 때문에 두려움 없이 토론을 하면서 규례를 정하여 더 이상 성도들로 혼란에 빠지지 않도록 해야 할 것이다. 삶을 이끌어 갈 규범이 정해지지 않으면 신앙이 종교생활로 되어 버려서 삶에 나타나는 하나님의 살아계심을 생생하게 경험하면서 살 수 없게 되는 것을 보게 된다.

한국교회는 선교 백 년 만에 천만성도를 자랑할 정도로 성장했고, 세계적인 신학자들도 많이 배출하였다. 그런데 어떤 것이 그리스도인의 삶의 모습인지를 보여 주지 못하여 '개독교'라는 소리까지 듣고 있다. 이는 도덕적으로 흠이 많기 때문에 듣는 말이 아니라 교회가 교회답지 못하고 하나님의 살아계심이 무엇이며, 성경이 왜 진리인지를 지식이 아니라 삶을 통하여 보여 주지 못하기 때문이다. 70년대까지만 해도 교회 안에는 말씀의 능력이 있었고, 성도들의 기도는 살아있는 하나님의 역사를 보여 주기가 충분했다. 그런데 점점 한국교회는 죽어 있는 신앙생활을 하고 있기 때문에 하나님의 살아계심을 어디서도 볼 수 없을 정도로 사라져 버렸기에 '개독교'라고 해도 그렇지 않다고 말할 수 없을 정도로 '식물기독교'의 모습을 보여 주고 있는 것을 보게 된다.

이제는 우리가 예수를 그리스도로 믿어 하나님의 자녀로 성령의 인도를 받으면서 산다는 것이 무엇이며, 하나님께서 그의 자녀들과 살아 역사하신다는 것이 무엇을 말하는가를 특별계시인 말씀 속에서나 일반계시 안에서도 명료하게 보여 주어야 할 것이다.

이를 가장 잘 보여 줄 수 있는 곳이 장례예식이다. 그래도 장례식장에서는 규정된 장례예식을 통하여 거룩한 질서에 따라 집례 된다면 비그리스도인들도 예식에 참여하는 것을 보게 된다. 그러나 고인의 신앙이 무엇인지도 보여 주지 않고, 정해진 규례도 없이 어수선한 분위기만 보이게 되면 거침없이 기독교 장례예식을 능멸하는 것을 볼 수 있다. 그래서 기독교 장례예식은 이런 것이라고 구별하여 집례를 해야 한다.

장례예식을 소천신학을 보여 줄 수 있도록 집례하게 되면 누구도 남의 종교에 대하여 시비하지 않는 것을 보게 된다. 그러므로 소천신학을 보여줄 수 있는 규례를 하나씩 정립해 가면서 고인의 신앙생활 속에 나타나 있었던 하나님의 살아계심을 장례예식을 통하여 보여 주게 되면 전도의 지름길이 되는 것을 보게 된다.

그동안 한국교회는 초기 선교사들이 이교도의 장례의식에 대하여 검증해 보지도 않고 그대로 여과 없이 받아들인 것을 토대로 기독교 예배 모범을 만들고, 장례예식을 집례해 왔다. 이런 이유 때문에 장례예식을 집례하는 목회자뿐만 아니라 기독교인이나 비기독교이나 모두가 기독교 장례예식에 대하여 혼란스러워하고 있다. 이러한 기독교 장례예식은 장례예식을 통하여 무엇을 보여 줄 것인지 목적이 없기 때문에 설교나 기도가 어려울 뿐만 아니라 이단 시비에 휘말려 곤란을 겪게 되는 것을 볼 수 있다. 이런 어려움을 극복하기 위해 모든 장에서 소천신학에 따라 장례예식의 명칭을 변경한 것을 토대로 예식을 제안하고자 한다.

제2부에서 제안하는 장례예식은 특별계시인 성경의 진리가 아니라 이를 표현해 내는 규례로 살아계신 하나님의 역사와 신앙의 유산을 쌓아 기독교 명문 가정을 만들기 위한 것이라는 것을 밝혀 둔다. 모든 장에서 제시한 소천신학을 표현할 수 있는 명칭에 따라 예배의 성격과 합당한 예식을 만들어 누가 보아도 고인이 하나님의 부름에 따라 완전한 예배를 드리기 위해 천국으로 이사 가고 있다는 것을 인정하고 예수를 그리스도로 믿고 하나님의 자녀답게 살 수 있는 모델을 제시하고자 한다.

장례예식뿐만 아니라 모든 예식들은 신앙이 삶이 될 수 있도록 하고 있기 때문에 신앙을 예식으로 만들어 삶에 적용할 수 있도록 해야 한다. 신앙이 삶을 주관할 수 있도록 하기 위해서는 먼저 성경이 기초가 되어 있는 분명한 신학이 있어야 한다. 그 신학에 따라 예식이 만들어지면 말씀이 지성적인 신앙과 감성적인 신앙을 넘어 의지적인 신앙으로 발전하게 되어 신앙과 삶이 하나가 되는 것을 볼 수 있다. 그동안 한국교회는 종교생활과 사회생활을 구분하여 이중적인 신앙생활을 해왔는데, 본 논문을 통하여 이를 개혁할 수 있는 초석이 될 수 있길 소망한다.

성경 말씀 안에는 장례예식에 대한 예식들이 많이 나타나 있지만 그대로 받아들일 수 없는 것도 있다. 이는 이스라엘의 기후와 환경이 우리와 다르기 때문이다. 우리 문화뿐만 아니라 그동안 하나님의 은혜 가운데 드려왔던 기독교 장례예식이 있기 때문에 소천신학을 기초로 하여 먼저 성경에 나오는 장례예식을 가지고 토착화하는 작업을 한 후 그 후에 바로 역토착화 작업을 하여 우리 기독교 장례예식을 하나님의 것으로 거룩하게 만들어 누가 보아도 하나님의 자녀들은 하나님의 면전에서 완전한 예배를 드리기 위해 천국으로 이사 가고 있다는 것이 인정될 수 있도록 장례예식이 집례되어야 한다. 그러므로 이제는 성경에 나타나 있는 장례예식들과 한국교회가 그동안 사용했던 장례예식을 소천신학을 근거로 역토착화 작업을 해서 기독교 장례예식의 모범을 제시하고자 한다.

  성경에 나타나 있는 장례예식들은 시대가 흐르면서 상황에 따라 조금씩 변해 왔지만 그 예식 속에서 믿음의 조상들이 두려움 없이 죽음의 문을 통과하여 천국 문으로 들어가고 있다는 것을 보여 주고 있다. 앞서간 믿음의 선배들은 아직 십자가의 구원이 완성되지 못한 상태에서도 구원의 역사를 바라보면서 하나님의 손에 자신의 영혼과 몸을 의탁하고 천국 문을 열고 이사 가고 있는 모습을 보여 주고 있다. 아버지 하나님의 집에서 영원토록 그 사랑과 영광 가운데 완전한 예배드릴 것을 생각하면서 죽음을 전혀 두려워하지도 않고 하나님 아버지의 부름에 따라 죽음의 문을 기쁨으로 여기는 것을 보여 주었다.

  이렇게 죽음을 이기고 천국 문을 열고 들어가는 모습을 기억하면서 천국에 가고 있는 것처럼 매일매일 신앙생활을 해야 마지막 천국에 들어가면서 장송곡을 부르지 말고 환희의 찬송을 부르면서 믿음을 본받으라고 할 수 있는 것이다. 이렇게 천국 가고 있는 신앙생활을 하게 되면 신앙의 선조들이 죽음의 문을 연 것이 아니라 죽음의 문 뒤에 있는 천국을 기억하면서 144,000명의 천국 성가대를 지휘하고 계신 예수 그리스도께서 구원의 기쁨을 찬양하는 것을 들으면서 천국 문을 열고 아버지 하나님의 보좌 앞으로 나아가게 된다.

　이 사실을 알고 믿는다면 누구도 죽음을 두려워하지 않을 것이다. 왜냐하면 이 구원의 기쁨은 하나님 자신도 변개할 수 없는 진리이기 때문이다. 그러나 예수를 그리스도로 믿지 않아서 하나님의 자녀로 회복되지 못한 자들은 그들의 아비가 마귀이기 때문에 그들의 아비가 있는 지옥에 들어가기 위해서 죽음의 문을 여는 것이다. 그곳이 지옥인 이유는 다시는 구원의 소망이 주어지지 않는 곳이기 때문이다. 우리 믿음의 선배들은 잠시 후 예수께서 재림하실 때 아버지 하나님을 만나기 위해 믿음으로 천국 문을 열면서 영혼은 바로 천국의 낙원으로 가지만 몸은 흙으로 돌아가 잠자는 것임을 알고 침실 문을 열고 잠자러 들어가는 것처럼 죽음을 맞이하는 것을 보여 주었다. 이들은 예식 속에서도 그 믿음을 그대로 표현해 내는 것을 보여 주었다.

　이렇게 천국을 바라보면서 살았던 선조들의 신앙을 한국교회에

재현시켜 장례가 아니라 하나님의 부름에 따라 완전한 예배를 천국에서 드리기 위해 새 성전 완전한 예배를 드릴 수 있는 천국으로 이사 간다는 것을 예배와 예식을 통하여 명료하게 보여 주어야 한다. 이러한 소천신학의 예식들은 살아있는 부활신앙을 가지고 신앙생활 할 수 있도록 신앙의 유산을 남기는 일이 될 것이다. 이렇게 기독교의 가장 근본적인 진리를 장례예식을 통하여 보여 줌으로 하나님 아버지께서 그의 자녀들을 구원하여 천국으로 불러 가시는 역사를 보면서 현존하는 천국을 누리면서 신앙생활을 할 수 있게 만드는 것이 본 논문의 목적이다.

그러므로 소천신학을 근거로 한 장례예식은 기독교 진리의 근본인 복음을 충실하게 표현하여 장례예식에 참여한 자들로 기독교인들이 어떻게 예수를 그리스도로 믿고 천국에 들어가는지를 보여 줌으로 슬픔이 아니라 기쁨으로 천국 가시는 것을 환송하게 할 것이다. 뿐만 아니라 유족들과 조문객 모두에게 바른 신앙을 제시해 줌으로 예수를 그리스도로 믿지 않고 있는 자들에게는 믿음을 가질 수 있도록 만드는 것이 또 하나의 중요한 목적이다.

우리 문화보다 성경에 나오는 장례예식은 더 거룩하고, 더 시신을 정중하게 장사해야 한다고 말씀하고 있다.[1] 성경 말씀은 시신

---

[1] 암 6:10 "죽은 사람의 친척 곧 그 시체를 불사를 자가 그 뼈를 집 밖으로 가져갈 때에 그 집 내실에 있는 자에게 묻기를 아직 너와 함께한 자가 있느냐 하여 대답하시기를 아주 없다 하면 저가 또 말하기를 잠잠하라 우리가 여호와의 이름을 일컫지 못할 것이라 하리라".

을 정중하게 장사해야 한다는 것을 강조하기 위해 시신이 공중의 새와 땅의 짐승들의 밥이 되어도 그것들을 쫓아줄 자가 없다거나 시체를 매장해 줄 수 있는 자가 없어서 땅바닥에 분토같이 되어 짓밟힘이 되도록 방치되는 것은 수치스러운 것이라고 하며, 이런 일은 이웃의 비방거리가 된다고 말씀하고 있다.[2] 이뿐 아니라 특히 하나님의 자녀들은 부활하여 아버지 하나님께서 계신 천국에서 영원토록 함께 살 것이기 때문에 시신을 성경에서 말씀하고 있는 장례법에 따라 거룩하게 장사해야 한다고 말씀하고 있다.[3]

본 장에서는 두 가지 원칙을 가지고 장례예식에 대하여 설명하고자 한다.

첫째, 그동안 한국교회의 장례예식을 완전히 폐기하지 않고 기독교 진리를 왜곡시키는 것은 배제하면서 소천신학을 근거로 역토착화 작업을 실시하여 신앙이 생활이 될 수 있도록 예식화 할 것이다. 왜냐하면 선교 백 년이 넘도록 하나님 아버지께서 성령을 통하여 한국교회의 장례예식도 지금까지 인도하셨기 때문에 모든 것을 이교적인 것으로 폄하하는 것은 있을 수 없다. 어떤 경우든지 기본적으로 그동안 장례예식을 성령께서 인도하셨다는 것을 인정하기 때문에 장례예식 자체를 부인하지 않을 것이다.

둘째, 고인이 하나님 아버지 집인 천국에 들어갈 수 있는 것은

---

[2] 시 79:2-4; 전 6:3; 렘 16:4, 6; 왕상 13:22; 14:11; 왕하 9:10, 35.
[3] 창 23:19; 25:9; 35:29; 49:31; 50:13; 신 26:14; 시 106:28-29; 요 19:40.

예수를 그리스도로 믿었기 때문에 자녀가 된 자격으로 간다는 것을 강조할 것이다. 천국에 갈 수 있는지 없는지 모르는 상태에서 신앙생활 하는 것이 아니라 이미 하나님의 자녀가 되었기 때문에 천국 가는 것은 당연한 사실로 믿고 살면서 신앙의 유산을 남기는 것이 무엇인가를 논술하고자 한다. 이제 하나님의 부름에 따라 천국에 있는 자기 집으로 이사 가기 위해 출발하고 있다는 모습을 장례예식을 통하여 생생하게 보여 주길 원한다.

이를 위하여 기존의 장례예식 틀은 그대로 유지하면서도 모든 장에서 소천신학을 기초로 새롭게 제시된 명칭에 따라 천국에 들어가는 과정에 대하여 예배와 예식을 통하여 보여 주고 자 한다.

기독교 장례예식은 죽는 고인에 대한 것이 아니라 천국으로 이사 가시는 것을 바라보며 하나님의 구속의 영광을 찬양하는 것이기 때문에 천국에서 다시 만날 것을 기약하며 기쁨으로 환송하는 예식이 되어야 한다. 그동안 천국에 가서 하나님 아버지의 면전에서 영원하고 완전한 예배드릴 것을 사모하면서 살아온 신앙의 유산들을 전자앨범에 담아 가족들에게 남겨 줌으로 계승 발전시켜 기독교 명문 가정을 만들어 갈 수 있게 만들기 위한 것이 장례예식의 목적이다.

이 예식에 참여한 자들로 고인이 천국에 입성하는 것을 생생하게 경험하게 하여 살아있는 신앙생활로 회복될 뿐만 아니라 복음을 받아들이는 기회가 되도록 해야 한다. 이렇게 천국에 입성하는 모습이 생생하게 들어오게 되면 신앙생활도 살아있는 신앙생활로 변하는 것을 보게 된다. 기도가 응답되는 것이 보이는 정도가 아니라 살아 역사하시는 하나님 아버지의 모습이 보이게 되고, 후에는 하나님의 역사를 이루는 데 능한 자가 되는 것을 보게 된다. 성경말씀도 옛날이야기가 아니라 지금도 살아있는 능력이 되어 자신이 성경에 나오는 인물보다 더 능한 자가 되어 하나님의 역사가 이루어질 것을 선포하면서 이루어 냄으로 아버지 하나님의 자녀답게 산다는 것이 무엇인지를 보여 주게 된다.

이렇게 살아있는 신앙생활이 무엇인가를 구체적으로 예식을 통하여 보여 줌으로 이를 본받아 계승 발전할 수 있도록 장례예식이 준비되어야 한다. 고인이 어떤 신앙의 유산을 남기기 위해서 살아 왔는지를 찾아서 가족에게 보여 주는 것은 하나님의 살아 역사하시는 것이 무엇인지를 깨닫게 만들어 주는 것이 되기 때문에 삶 속에서 하나님의 역사를 누리면서 그 역사를 배워 알아가게 될 것이다.

장례예식은 하나님 아버지께서 탕자가 된 죄인을 구원하시기 위해 예수님으로 그리스도가 되게 하여 믿을 수 있도록 성령으로 역사하여 하나님 아버지의 자녀답게 살게 한 것을 보여 주는 것이다. 이렇게 하나님의 자녀가 된 자들은 다른 형제들도 구원하라는 사명을 주어 감당하게 하다가 사명이 끝나면 하나님 아버지의 부름에 따라 천국으로 이사 가고 있는 모습을 표현해 내는 것이다.

이러한 장례예식에서 간과해서는 안 되는 것은 주님께서 고인에게 주신 사명을 감당하면서 누렸던 하나님의 축복과 함께 핍박과 어려움을 당했던 것을 믿음으로 어떻게 극복하면서 하나님 아버지의 자녀답게 살면서 신앙의 유산을 남겼는지를 살피면서 계승 발전시켜 기독교 명문 가정을 만들어 가게 하는 것이다. 이런 모습을 하나님 아버지께서 얼마나 귀하게 여기시며, 칭찬하고 상으로 갚아주는지를 설교와 찬송과 기도와 조사를 통하여 표현함으로 죽는 것이 아니라 천국으로 이사 가고 있는 고인의 모습을 보여 줌으로 유족들이 위로 받으며 큰 기쁨을 누리게 해야 한다. 이런 모습을 조문객이 보면서 구원의 소망을 가질 수 있게 하여 구원받게 함으로 하나님 아버지께 영광이 되도록 해야 한다.

이와 같이 장례예식은 소천신학을 기초로 장례예식을 집례하여 천국에 들어가면서도 하나님 아버지께서 다른 형제를 구원시키라는 거룩한 사명을 감당할 수 있게 해야 한다. 이렇게 예수를 그리스도로 믿고 성령의 인도 따라 전도의 사명을 끝내면 그의 아버지 하나님께서 천국으로 데려 간다[4]는 소천신학은 저자가 새롭게 제시하는 것이 아니라 신앙의 선배들이 종종 쓰던 '소천(召天)했다'[5]고 말하던 것을 좀 더 구체적으로 정리한 것이다.

이러한 장례예식을 집례하면서 기억해야 할 것은 성경은 장례

---

4 창 5:24; 왕하 2:11; 시 102:24; 마 24:40; 눅 17:34; 요1 7:15.
5 임택진, 『기독교가정의례지침』(서울: 한국문서선교회, 1991), p. 146.

예식을 결혼예식으로 표현하고도 있다는 것이다. 장례예식으로 말씀하고 있을 때에는 소천에 따라 운명할 때 영혼은 천국으로 데려간다고 하고, 몸은 흙으로 돌아가서 잠자게 된다고 말하기도 하지만 성경에서는 또 다른 모습으로 말씀하기도 한다. 예수 그리스도께서 재림하실 때 모든 성도들은 예수님의 신부가 되어서 공중에서 혼인잔치를 하고 영원한 천국으로 들어간다고 말씀하기도 한다(계 19장)는 것이다. 그러므로 운명하여 천국에 입성하는 과정을 혼인예식으로도 표현하고 있다는 것이다.

예수 그리스도께서 우리를 보혈의 피로 구원하였을 뿐만 아니라 신부로 삼아서 공중에서 혼인잔치를 한 후에 보좌에 앉아 계신 아버지 하나님께로 인도하여 완전한 예배를 영원토록 드리게 된다고 말씀하시는 것이다. 그러므로 장례예식은 다른 한편에서 장례예식이라고 하지 않고 기쁨으로 혼인예식을 집례하는 것처럼 해야 한다는 것을 가르쳐 주고 있다.

1. 소천예식

소천예식을 시작하기 전에 먼저 예수를 그리스도로 믿고 신앙생활을 시작할 때 누가 어떤 자격으로 천국에 들어갈 수 있는가에 대하여 소천신학에 따라 명료하게 설명해 줌으로 기독교인들이 어떻게 구원 받아 천국에 들어가게 되는지를 분명하게 알고 믿을 수 있도록 해야 한다. 신앙생활을 오래했어도 왜 예수님만이 유일한 구세주냐고 물으면 대답을 못하는 것을 보게 된다. 이 대답을 정확하게 하지 못하면 구원의 확신도 가지지 못하고 있기 때문에 지금 죽어도 천국에 갈 수 있느냐고 물으면 자신 있게 대답을 못하는 것을 보게 된다. 예수님만이 유일한 그리스도라는 것을 지적으로 이해하고, 감정적으로 기쁨을 누릴 뿐만 아니라 삶으로 의지적인 표현을 할 수 있어야 한다.

성경은 분명하게 예수님이 하나님의 아들 그리스도라는 것에 대하여 말씀하고 있다. 마태는 예수님에 대하여 이렇게 말하였다.

① 다윗의 자손이며,
② 동정녀에게서 탄생하셨고,
③ 베들레헴에서 탄생하셨고,
④ 애굽에서 건진 내 아들이며,
⑤ 나사렛 사람이시기 때문에 구약에서 예언하고 있는 메시아의 신분상 조건을 완벽하게 갖추었다.

모든 이스라엘 사람들이 선지자로 인정하고 있는 세례 요한이 예수님이 세상 죄를 지고 가는 하나님의 어린 양이라고 선포해 주었고, 이에 대하여 하나님께서는 이는 내 사랑하는 아들이요 기뻐하는 자라고 선포해 주셨다. 예수님 자신도 자신이 천국에서 왔다고 천국 법에 대하여 말해 주면서 하나님이 자신의 아버지라는 사실을 증명해 보이기 위해 내 이름으로 내 하나님 아버지께 기도하면 이루어 주신다고 하셨다. 그리고 표적으로는 구약에서 메시아가 보여 주어야 할 표적을 보여 주시고, 창조주로 천지만물을 다스릴 수 있는 표적을 보여 주시고, 하나님이시기 때문에 귀신을 쫓아내며 사람의 생각도 알고 있음을 보여 주셨다. 그리고 십자가에서 죽으시고 장사되셨다가 부활을 하셨기 때문에 예수님만이 유일한 구세주라고 말씀하고 있다.

이와 같이 예수께서 그리스도라는 사실이 확증되었기 때문에 이를 믿는 자들은 누구든지 하나님의 자녀가 되었기 때문에 그의 아버지 집인 천국으로 이사 가게 된다는 사실을 믿을 수 있게 해야 한다(요 1:12).

이렇게 하나님의 자녀가 된 자들은 다른 형제에게도 하나님의 자녀가 될 수 있는 방법에 대하여 성령의 인도 따라 생생하게 가르쳐 줌으로 예수를 그리스도로 믿을 수 있게 하는 사명을 다하면[6] 하나님 아버지께서는 그의 자녀들의 완전한 구원을 위해 천국으로 불러 간다. 부름 받은 하나님의 자녀들은 세상과 작별하

---

6   사람이 죽는 것은 죄 값으로 죽는다(롬 6:23). 죽음을 맞이하는 시기는 하나님께서 정하시는데 그 때가 바로 자신의 사명을 마친 때이다. 죽는 방법은 다양하게 나타나는데 교통사고, 병들어서, 기력이 다하여서 등 다양한 방법들로 죽게 된다.

고 천국으로 가기 때문에 임종예배라는 명칭으로는 소천신학을 표현할 수 없기 때문에 '소천예배'라고 했고, 천국으로 이사 가는 것처럼 예식을 집례하여 천국으로 이사 가고 있는 모습을 생생하게 볼 수 있게 해야 한다.

그동안 한국교회는 전도하면서도 예수 믿으라고 했는데, 이는 구원에 대한 신학적 검토를 하지 않고 쉽게 한 말이다. 예수 믿으라고 말하는 것이 아니라 예수를 그리스도로 믿으라고 해야 예수님이 왜 구세주인지를 성령의 인도 따라 설명해 줌으로 바른 신앙을 가질 수 있게 된다. 예수를 그리스도라고 전해 주지 않으면 무엇을 믿으라고 하는지를 알 수 없기 때문에 처음부터 구원관이 잘못되는 것을 보게 된다. 이렇게 예수를 그리스도로 고백하고 나면 바로 소천예배를 드리면서 하나님의 자녀답게 살면서 신앙의 유산을 남기는 신앙생활이 무엇인가를 가르쳐 줄 수 있게 된다.

이러한 소천예식은 죽음에 대한 하나님의 주권을 이해하고, 매일매일 천국으로 발걸음을 내디디면서 성령의 인도 따라 천국의 삶을 누리며 살게 만드는 것을 보게 된다. 이렇게 소천예배를 드리고 천국에 가서 완전한 예배를 하나님 아버지의 면전에서 영원토록 드릴 것을 흠모하며 살다보면 사람은 죽는 것이 아니라 하나님의 영광을 누리기 위한 관문임을 알게 된다. 이는 하나님 아버지께서 예수 그리스도를 통하여 구원 받을 수 있는 길을 여시고, 그의 자녀들을 천국으로 데려가는 것이기 때문에 이와 같은 소천신학을 장례예식을 통하여 표현할 수 있도록 집례해야 한다. 이렇게 성경에서는 죽음을 천국에 들어가는 과정이라는 사실을 증명하기 위해 영혼은 '데려 간다'고 표현하고, 육체는 '잠들었다'고 말씀하고 있다. 예수 그리스도의 구원을 이루기 위해 재림까지도 미루고 계신 하나님 아버지의 사랑을 그대로 표현할 수 있도록 장례예식이 집례되어야 한다. 이를 이해할 수 있도록 성경은 계속하여 영혼을 하나님 아버지께서 그의 자녀들을 데리고 간다고 말씀하고, 몸은 잠들었다고 한다.

> "에녹이 하나님과 동행하더니 하나님이 그를 데려가시므로 세상에 있지 아니하였더라"(창 5:24).

> "나의 중년에 나를 데려가지 마옵소서"(시 102:24).

> "그 때에 두 사람이 밭에 있으매 한 사람은 데려가고 한 사람은 버려둠을 당할 것이요"(마 24:40; 눅 17:34).

> "내가 비옵는 것은 그들을 세상에서 데려가시기를 위함이 아니요 다만 악에 빠지지 않게 보전하시기를 위함이니이다" (요 17:15).

"두 사람이 가며 말하더니 불수레와 불말들이 두 사람을 갈라 놓고 엘리야가 회오리바람으로 하늘로 올라가더라"(왕하 2:11).

"저희가 돌로 스데반을 치니 스데반이 부르짖어 이르되 주 예수여 내 영혼을 받으시옵소서 하고"(행 7:59).

"이 말씀을 하신 후에 또 이르시되 우리 친구 나사로가 잠들었도다. 그러나 내가 깨우러 가노라 제자들이 이르되 주여 잠들었으면 낫겠나이다 하더라 예수는 그의 죽음을 가리켜 말씀하신 것이나 그들은 잠들어 쉬는 것을 가리켜 말씀하심인 줄 생각하는지라"(요 11:11-13).

"다윗은 당시에 하나님의 뜻을 따라 섬기다가 잠들어 그 조상들과 함께 묻혀 썩음을 당하였으되"(행 13:36).

"그러므로 너희 중에 약한 자와 병든 자가 많고 잠자는 자도 적지 아니하니"(고전 11:30).

"그 후에 오백여 형제에게 일시에 보이셨나니 그 중에 지금까지 대다수는 살아 있고 어떤 사람은 잠들었으며"(고전 15:6).

"또한 그리스도 안에서 잠자는 자도 망하였으리니"(고전 15:18).

"그러나 이제 그리스도께서 죽은 자 가운데서 다시 살아 나사 잠자는 자들의 첫 열매가 되셨도다"(고전 15:20).

"보라 내가 너희에게 비밀을 말하노니 우리가 다 잠 잘 것이 아니요 마지막 나팔에 순식간에 홀연히 다 변화하리니"(고전 15:51).

"무덤들이 열리며 자던 성도의 몸이 많이 일어나되"(마 27:52).

이렇게 말씀하므로 죽음이 아니라 성도는 그리스도 안에서 잠들었다고 말씀하고, 죽은 자를 다시 살릴 때는 잠에서 '깨운다', '부른다'라는 표현을 쓰고 있는 것을 보게 된다.

"이 말씀을 하신 후에 또 이르시되 우리 친구 나사로가 잠들었도다 그러나 내가 깨우러 가노라"(요 11:11).

"이 말씀을 하시고 큰 소리로 나사로야 나오라 부르시니"(요 11:43).

이렇게 하나님께서 그의 자녀들의 영혼을 먼저 죽음과 함께 천국에 있는 낙원으로 데려간다고 말씀하고 있고, 육체는 장사되어 잠들어 있다가 주님께서 재림하실 때 부활하여 영혼과 육체가 다시 만나 완전한 부활의 몸으로 천국에 들어간다고 말씀하고 있기 때문에 장례예식은 이 모습을 그대로 표현하여 천국에 들어가고 있는 모습이 생생하게 볼 수 있게 해야 한다. 그러므로 하나님의 자녀들은 죽는 것이 아니라 천국 문을 열고 그의 아버지 하나님께서 계신 천국에 들어간다는 것을 성경을 통하여 분명하게 이해를 하고 믿고 믿는 것처럼 살아가야 한다. 이를 믿고 살아갈 수 있도록 장례예식이 집례되게 해야 한다.

그 천국에는 이미 창조주 되신 예수 그리스도께서 만들어 준 살아있는 거처가 준비되어 있다(요 14:1-3). 세상학문과 사탄이 말하고 있는 것처럼 천국은 결코 선한 일을 하고 공로를 쌓아서 들어가는 것이 아니다. 천국은 예수를 그리스도로 믿어 하나님 아버지의 자녀가 되었기 때문에 들어가는 곳이다.

바울은 예수께서 그리스도가 되시기 위해 십자가에서 죽으셨고 장사되었다가 사흘 만에 다시 살아 나사 승천하여 하나님 우편에 계시다가 재림하신다는 사실을 믿는 것을 복음이라고 하였다(고전 15:1-8). 예수께서 그리스도가 된 사실이 복음이라고 하는 이유는 예수를 그리스도로 믿는 자들에게는 하나님의 자녀가 되는 특권(요 1:12)을 주시면서 자녀들을 위해 천국에 거처할 곳을 준비해 놓고 데려가서 영원토록 하나님 아버지께 완전한 예배를 드릴 수 있도록 만들어 주시기 위해 불러 주신 것이 복음인 것이다.[7] 이 복음이 확실하기 때문에 베드로는 말씀하였다.

> "다른 이로서는 구원을 얻을 수 없나니 천하 인간에 구원을 얻을 만한 다른 이름을 우리에게 주신 일이 없음이니라 하였더라"(행 4:12).

'소천예배' 전에 분명하게 확인해야 할 것은 이와 같은 복음을 분명하게 믿을 수 있도록 하고, 이를 준비하면서 살다가 죽음을 기다릴 때 다시 확인 시켜 주면서 천국으로 부름 받은 자는 부활의 소망을 가지고 기쁘게 천국으로 들어가고, 남은 가족들은 신앙의 유산을 장인 정신을 가지고 계승 발전시켜야 한다. 이러한 장례예식을 통하여 모든 사람들이 죽음은 저주가 아니라 천국에 들어가는 현관문을 여는 것이라고 분명하게 인식하고 예수를 그리스도로 믿어 하나님의 자녀가 되어 천국 가는 그 날까지 자녀의 삶을 누리면서 살게 해야 한다.

이렇게 구원 받는 것은 행위가 아니라 예수를 그리스도로 믿는 믿음이라는 사실을 확인시켜 줌으로 인류가 그동안 죽음에 대하

---

[7] 이원옥, "마태의 아버지 복음"(일립논총: 한국성서대학교 교수논문집, 2000), pp. 109-12.

여 풀지 못하고 두려워 떨었던 자리에서 나올 수 있게 해야 하는 것이 기독교인들의 사명이다. 하나님의 자녀들은 죽음의 문을 열지만 사실은 그 문이 천국에 들어가는 현관문을 여는 것이라고 믿을 수 있게 하여 기쁜 찬송을 부르면서 죽음을 맞이할 수 있게 모든 예배를 통해 맛보아 알 수 있게 하여 이와 같은 하나님 아버지의 임재를 누리면서 살 수 있게 해야 한다.

더불어 가족들과 성도들은 장송곡이 아니라 기쁜 찬송을 부르면서 송별할 수 있도록 해야 한다. 사고로 이미 고인이 되었다고 해도 유족들과 함께 '소천예배'를 드리면서 고인이 예수를 그리스도로 믿었기 때문에 하나님의 자녀가 되어 그의 아버지 집인 천국에 들어갔다는 것을 확인시켜 줌으로 평강을 누릴 수 있게 해야 한다.

성경에 하나님의 자녀들이 부름 받기 전에 한 일들을 살펴보면 다음과 같은 예식들을 하여 천국에 들어가고 있다는 기쁨을 누릴 수 있게 해야 한다. 야곱은 임종 전에는 가족을 불러 놓고 가족들에게 유언을 하면서 축복해 주었다. 야곱은 죽음을 앞두고 그 아들 요셉을 불러 놓고 자신을 애굽에 장사하지 말고 선영이 있는 가나안 땅에 장사하라고 말하고, 침상 머리에서 하나님께 경배했다[8]고 하였고, 요셉은 두 아들을 야곱에게 데리고 가서 문안하며 땅에 엎

---

8 창 47:29-31.

드려 절을 하자 야곱은 두 손자에게 축복해 주었다.[9]

요셉도 하나님 아버지께서 자신을 부르고 있다는 사실을 알고, 형제들에게 자신의 해골을 가나안 땅으로 갈 때 가지고 가라고 했다.[10]

> "나는 죽으나 하나님이 너희를 권고하시고 너희를 이 땅에서 인도하여 내사 아브라함과 이삭과 야곱에게 맹세하신 땅에 이르게 하시리라"(창 5:24).

여호수아는 백성들을 모아 놓고 그동안 하나님께서 행하신 일들을 말하고 "나와 내 집은 여호와를 섬기겠노라"(수 24:15)고 말씀하자 백성들도 우리가 결단코 여호와를 버리고 다른 신들을 섬기지 않고 여호와를 섬기겠다고 다짐하는 모습을 보여 주었다. 다윗도 죽을 날이 임박했다는 사실을 알고 그의 아들 솔로몬에게 유언을 하였다.

> "내가 이제 세상 모든 사람의 가는 길로 가게 되었노니 너는 힘써 대장부가 되고 네 하나님 여호와의 명을 지켜 그 길로 행하여 그 법률과 계명과 율례와 증거를 모세의 율법에 기록된 대

---

9 창 49:1-33.
10 창 50:24-26.

로 지키라 그리하면 네가 무릇 무엇을 하든지 어디로 가든지 형통할지라"(왕상 2:2-3).

임종 후에는 먼저 눈을 감겨 주었다. 야곱은 그의 아들 요셉이 자기 눈을 감기리라[11]고 하였고, 요셉은 야곱이 운명하자 울면서 얼굴에 입을 맞추었다.[12] 그리고 욥바의 다비다라는 여제자가 병들어 죽으매 시체를 씻어 다락에 뉘었고(행 9:37), 시신에 방부제를 뿌린 후[13] 천으로 시신을 싸는 염습을 하고, 머리는 수건으로 싸서 장사하고(마 27:59; 요 20:6),[14] 입관을 하였다(눅 7:12-15).[15]

첫 번째 순서는 이와 같이 소천에 따라 임종을 앞두고 있는 분의 믿음이 확인되면 가족들이 임종을 앞두고 있는 분에게 먼저 절을 한다.

두 번째 순서는 가족들에게 신앙의 유산을 지키도록 특별히 말씀에서 떠나지 말고 믿음을 지키라고 유언을 하였다. 유언이 있은

---

11 창 46:4.
12 창 50:1.
13 한 여인은 예수님의 죽음을 준비하면서 순전한 나드 한 옥합을 가지고 와서 예수님의 발에 부으며 예수님의 장사를 준비하였고(막 14:3, 8), 임종 후에는 요셉과 니고데모가 장사할 때 몰약과 침향을 섞은 것을 백 근쯤 가지고 와서 그 향품과 함께 예수님의 시체를 세마포로 쌌다. 야곱이 죽었을 때도 요셉이 그의 수종 의사에게 명하여 향 재료를 아비의 몸에 넣게 하였고, 자신이 죽을 때도 그의 몸에 향 재료를 넣어 입관했다(창 50:2, 26).
14 나사로의 경우도 수족은 베로 동여졌고, 얼굴은 수건으로 싸서 장사되었다(요 11:44).
15 전형준, 『장례 · 추모예배 이렇게 준비하라』(서울: 아가페, 2001), pp.26-28.

후 가족들은 부름 받는 자의 다리나 허리 밑에 손을 넣고 가족들이 신앙의 유산에 대하여 계승 발전시켜 기독교 명문 가정을 이루겠다고 헌신하는 기도를 한다.

세 번째 순서는 하나님의 부름을 기다리는 자는 자신의 유언에 따라 헌신 기도한 가족들을 위해 믿음으로 살 수 있도록 기도해 준다.

네 번째 순서는 담임 목사님이 부름 받은 자의 유언에 따라 믿음을 지키면서 살도록 모두를 위하여 기도해 준다. 이렇게 신앙이 눈에 보이도록 신앙을 의식화하여 신앙이 생활이 될 수 있도록 해야 할 것이다.[16]

2. 소천송별예식

입관예배는 입관식자체가 이교적인 것이었기 때문에 예식뿐만 아니라 설교와 기도까지도 입관식과 상관없는 예배를 드리거나 불교와 유교를 넘어 샤머니즘적인 요소가 첨가 되어 있는 것을 보게 된다. 이러한 이교적인 모습을 벗고, 성경에 나타나 있는 소천 신학을 근거로 예식을 집례하면서 예배를 드릴 수 있도록 하기 위해 '소천송별예배'라고 명칭을 변경한 것이다. 예배의 이름이 명료

---

16   창 24:2, 9.

하게 정해졌기 때문에 '소천송별예배'를 어떻게 인도해야 하는지가 분명해졌고, 소천송별예식도 소천신학에 따라 성경에 나타나 있는 집례들을 참고하여 우리 문화와 환경에 적용할 수 있도록 한국 기독교 장례예식의 모범을 만들고자 한다.

팔레스틴의 기후는 우리와 다르기 때문에 우리처럼 삼일장이나 오일장을 하지 못하고 당일에 장례예식을 집례할 수밖에 없다. 그래서 성경에서는 특별한 경우가 아니면 운명하고 나면 입관 절차도 없이 준비해 놓았던 굴에 안장을 하기도 하고, 다락에 안장해 놓고 있다가 발인을 하기도 한다. 관에 입관을 하여 안장하기 위해 운반하는 것이 아니라 뚜껑이 없는 관을 사용하게 되는데, 이는 시신을 운반하기 위한 것이다. 굴에 탈관을 하여 보관하는 것이 성경에서 보여 주고 있는 하관이다.

이렇게 다른 장례문화를 가지고 있어서 우리 장례문화에 적용시킬 수 없기 때문에 먼저 입관예식을 성경에서는 어떻게 했는지를 살펴보고자 한다. 성경을 보면 시신을 안장하기 위해 우리나라처럼 수의와 같은 것을 입힌 것이 아니라 천으로 시신을 감싸거나 덮어가지고 운반했던 것을 보게 된다(요 11:44). 아니면 과부의 아들과 같이 평상복을 입히기도 하였던 것을 볼 수 있다(눅 7:14-15). 일본에서는 평상복이 기모노이기 때문에 기모노를 입히기도 하고 드레스를 입히기도 한다. 앞에서 지적한 것과 같이 장례예식이 어린 양과 혼인잔치 하는 것으로 표현하고 있기 때문에 드레스를 입혀 혼인잔치를 하고 천국에 들어가는 것으로도 표현할 수 있을 것이다.

이와 같은 예를 볼 때 수의를 입히는 과정에 나타나 있는 이교적인 장례문화를 제거하고 성경에서 말씀하고 있는 소천신학에 따라 수의를 입히는 것보다 그동안 즐겨 입던 평상복이나 십자가가 그려져 있는 가운이나 드레스를 입혀 천국에 들어가고 있다는 것을 분명하게 표현해 줄 필요가 있다. 이와 같은 예식들이 표본으로 만들어지게 되면 입관식에 나타나 있는 이교적인 요소로 논란이 되고 있는 것에서 벗어나 성경으로 돌아갈 수 있는 방법을 찾게 될 것이다. 이렇게 평상복을 입히게 되면 칠성매를 묶을 필요가 없어지고, 노잣돈을 수의 속에 넣어주는 것도 할 필요가 없어질 것이고, 곡하는 것도 없어지게 될 것이다. 대신 장례찬송 테이프를 틀어 놓고 함께 찬송하면서 소천송별예식을 집례하는 것이 좋은 방법이다.

이렇게 하면 기독교의 '소천송별예식'은 타 종교의 입관식과 구별할 수 있기 때문에 고인이 하나님의 부름에 따라 천국에 간다는 소천신학을 근거로 소천송별예식과 예배를 드릴 수 있게 될 것이다. 뿐만 아니라 염을 하여 흉한 모습을 유족에게 보여 주는 것보다 고인의 얼굴에 약간의 화장도 하고, 향도 뿌려서 시신에 대한 두려움도 없애면서 천국에 간다는 것을 예식을 통하여 보여 줌으로 천국에 대한 소망이 슬픔을 이길 수 있게 해야 천국에서 다시 만날 것을 기약하면서 기쁨으로 소천송별예식에 참여할 수 있게 될 것이다.

 소천송별예식을 집례하면서 타 종교의 의식은 모두 금하고 기독교예식을 제시하지 못하면 소천송별예식의 의미와는 상관없이 유족들은 고인에게 무엇인가를 의식적으로 하고 싶은 마음이 있기 때문에 기독교 장례예식에 대하여 거부감을 표현하게 될 것이다. 이와 같은 현상은 누구나 고인이 살아있을 때 잘 해 준 것보다 잘 못한 것들을 생각하면서 늦게나마 참회하면서 무언가를 하고 싶어 하기 때문이다. 그런데 기독교는 모든 의식을 금하기만 하고 어떤 의식도 대안으로 주지 않고 있었다. 그러므로 기독교에서도 성경 안에 나타나 있는 예식들 중에 실현 가능한 예식들을 만들어 믿음으로 할 수 있도록 허용해 주어야 한다. 이러한 예식들은 예배를 통하여 말씀 안에서 견고한 믿음을 가질 수 있게 됨으로 세상에서 주는 위로보다 더 큰 위로를 받게 될 것이다.

 이를 위해 먼저 교회에서는 장례위원을 잘 훈련시켜서 유족들 앞에서 우왕좌왕하지 않도록 장례절차에 대한 책자를 만들어 잘 준비된 모습을 보여 줌으로 전문장의사보다도 장례위원들을 더 신뢰할 수 있도록 해야 한다. 만약 장례위원들이 실수하는 모습이 보이게 되면 바로 기독교 장례에 대하여 거부하거나 장례예식은 자기들이 가입한 상조회사의 전문장의사의 지도에 따라 갈 수밖에 없게 된다.

이렇게 되면 형식적인 예배를 드릴 수밖에 없기 때문에 고인이 천국으로 이사 가고 있다는 것을 표현해 낼 수 있는 상조회사가 아니면 장례 위원들이 주관하여 집례를 하면서 상조회사에 필요한 도움을 받을 수 있도록 해야 한다. 유족들이 위로를 받을 수 있는 것은 화려한 예식보다도 고인의 신앙생활을 하나님 아버지께서 아주 귀하게 여기시고 천국에서 상을 주시기 위해 준비하고 계신다는 것을 강조해 주면서 우리 모두 위대한 고인의 신앙을 본받자고 함으로 고인의 신앙에 대하여 유족들로 자부심을 가질 수 있도록 해야 한다.

입관예배가 아니라 '소천송별예배'로 드리는 것은 예식에까지 소천신학을 담아 위로 받는 정도가 아니라 천국에 간다는 확신 속에서 기쁨을 누리면서 송별할 수 있어야 한다. 이렇게 천국에서 다시 만날 것을 약속하면서 송별하는 것은 다른 형제들을 구원해야 한다는 각자의 소명을 일깨워 줌으로 성령의 능력으로 부활의 삶을 살 수 있도록 만들어 주기 위함이다. 그러므로 '소천송별예배'와 예식을 인도하는 목회자는 소천신학에 따른 구원관과 천국에 간다는 사실을 보여 줄 수 있도록 집례해야 한다.

이런 배경 속에서 소천송별예식을 집례하게 되면 예식이 예배를 통하여 삶의 신앙으로 진보하게 될 것이다. 소천송별예식뿐만 아니라 모든 장례예식도 일괄되게 소천신학을 보여 주어야 하는데, 특히 소천송별예식, 천국환송예식, 천국입성예식, 부활대망예식이 고인의 신앙에 대하여 한 부분씩 드러내 보여줌으로 고인의 신앙생활을 구체적으로 본받을 수 있도록 해야 한다. 소천송별예식에서는 고인이 기도생활을 어떻게 했는지, 천국환송예식에서는 전도생활을 어떻게 했는지, 천국입성예식에서는 어떻게 예배를 드리면서 하늘의 영광을 누렸는지, 부활대망예식에서는 성경을 읽고 어떻게 실천해왔는지를 강조함으로 유족들이 고인의 신앙생활을 본받을 수 있도록 할 때 성령으로 새 힘을 얻게 될 것이다.

장례식장에서는 소천송별예식을 집례할 경우는 특별히 시신을 관리할 필요는 없지만 예배를 집례하는 목사나 장례위원은 유족들과 장례식장 담당자에게 소천송별예식을 설명해 줌으로 예식서에 부를 찬송과 성경 말씀을 기록하여 모든 사람이 예배에 참여할 수 있도록 해야 한다. 장례식장이 아닐 경우에는 서늘한 곳에 안치시키고 머리 쪽을 좀 높게 하여 분비물이 입, 코, 귀로 흘러나오지 않도록 해야 할 것이고, 시신관리를 잘하여서 피가 굳어지면서 파란 줄 멍이 들지 않도록 하여 죽음의 사자가 끌고 가면서 때려서 생긴 자국이라고 오해 되지 않도록 해야 한다.

유족들에게 위로가 될 수 있는 것은 시신을 잘 관리해 주는 모습을 통하여 위로를 받을 뿐만 아니라 전도가 되기도 한다. 얼굴에 화장도 하고, 향수도 뿌려 주고, 고인이 좋아하던 평상복을 입혀 시신에 대한 두려움을 없앨 수 있다면 타 종교의 관습에서 벗어나 고인이 천국에 간다는 것을 더 분명하게 믿을 수 있게 할 것이다.

성경에도 시체에 대한 분명한 규례가 있다.[17] 성경에 나오는 신앙의 선배들이 부활신앙을 가시적으로 보여준 소천송별예식을 한국 기독교 장례예식으로 만든다면 유족들은 삶의 신앙으로 받아들이면서 신앙의 진보를 이루어 갈 것이다. 이러한 성경의 배경과 함께 고인의 신앙생활을 소천송별예식을 통하여 보여준다면 유족에게는 신앙생활에 큰 능력이 될 것이다.

3. 천국환송예식

천국환송예식은 고인의 영혼은 임종하면서 육체와 분리되어 이미 낙원에 갔지만 육체는 예수 그리스도께서 재림하실 때까지 부활을 기다리면서 흙으로 돌아가 잠자게 된다. 이렇게 잠자다가 재림 때 부활의 온전한 몸으로 천국에 입성하기 위해 그동안 살던 집을 떠나는(눅 12:20; 욥 27:8; 창 5:24) 영광스러운 시간이다. 세상에서는 다시 볼 수 없다는 헤어짐의 슬픔도 있지만 성경에서는 이에 대하여 신랑 되신 예수께서 우리를 구원하여 신부로 삼아 천국으로 인도하신다고도 말씀하고 있다(계 19:1-10).

그래서 천국환송예식은 신랑 되신 예수님과 결혼식을 올리기

---

17 김학도, 『성경적 장례의식』(서울: 바른신앙, 1991), pp. 209-10. 참조, 레 21:11; 민 6:6; 9:6; 19:11; 신 21:23; 학 2:13.

위해 예식장으로 떠나가는 시간이기도 하다. 딸을 시집 보내는 부모님의 슬픔과는 비교할 수 없는 슬픔도 있지만 결론은 신랑 되신 예수님과 결혼하여 영원토록 하나님 아버지의 영광을 누리면서 살게 된다는 것을 천국환송예식을 통하여 표현해 내야 한다. 이미 천국에는 고인이 거처할 집을 신랑 되신 예수 그리스도께서 준비해 놓았다(요 14:1-3). 고인은 죽어 흙으로 돌아가(창 3:9) 사는 것이 아니라 잠자고 있다가(고전 15:6) 예수 그리스도께서 재림하실 때 부활하여 온전한 몸으로 하나님 아버지께서 계신 천국에서 완전한 예배를 영원토록 드리기 위해 떠나는 시간이기 때문에 기쁨으로 환송할 수 있는 것이다.

이런 여정의 출발점이 바로 '천국환송예식'인데, 이 예식에는 예수를 그리스도로 믿지 않고 있는 조문객들도 있다는 것을 기억하고 저들이 천국환송예식을 보고 난 후 나도 천국 가고 싶다는 마음이 생길 정도로 잘 준비해야 한다. 먼저 고인이 천국 가는 이유가 예수를 그리스도로 믿어 하나님 아버지의 자녀가 되었기 때문이라는 분명한 사실을 보여 주어야 한다. 고인이 살아온 인생길이 하나님 아버지의 자녀로 영광을 누리면서 천국 가기 위해서 살았다는 것을 분명하게 보여 주어야 한다. 이를 위해 천국환송예식이 국장처럼 화려하지는 않아도 유족들과 조문객에게 고인이 천국에 가고 있다는 것은 분명하게 보여 줄 수 있도록 모든 예식이 하나의 목적을 이루기 위해 집례되어야 한다. 천국환송예식이 철저하게 준비되지 않으면 기독교를 배타적인 종교라고 폄하하며 거짓 종교로 매도하게 된다는 것을 분명하게 인식을 해야 한다.

발인식을 천국환송예식이라고 지칭한 것도 바로 이런 이유 때문이다. 발인식은 상여가 빈소를 떠나 묘지로 가는 것으로 썩어 없어지기 때문에 슬퍼할 수밖에 없다. 그러나 기독교는 묘지가 끝이 아니라 휴게소일 뿐이고, 종착역은 천국이다. 그러므로 고인은 썩어 없어지는 것이 아니라 부활 때까지 잠자다가 예수께서 재림하실 때 부활한다는 사실이 삶의 문화가 될 수 있도록 해야 환송의 기쁨을 누릴 수 있지 장례식에서 누릴 수 있는 것은 아니다. 이를 위해 신앙의 유산을 만들어 남기면서 기도보다 더 놀라운 것은 없다는 것을 보여 주는 신앙생활을 해야 하고, 말씀 따라 사는 것보다 더 확실한 방법은 없다는 것이 보여져야 한다.

사실 장례예식은 그동안 살아왔던 신앙을 표현하는 예식이다. 그런데 자신의 신앙을 표현하여 신앙의 유산으로 만드는 것에 대하여 그동안 소홀히 여긴 정도가 아니라 신앙의 유산이 무엇인지도 모르고 살아왔다. 이제부터서라도 어떤 신앙의 유산을 남길 것인가를 고민하면서 살아야 장례예식을 통하여 표현해 낼 수 있을 것이다. 타 종교인들은 우리가 천국에 들어가고 있다는 것을 고대하는 정도가 아니라 탄식하며 보길 원하고 있다. 가장 확실한 신랑에게 딸을 넘겨주는 부모님처럼 시집보낸다는 것보다 좋은 가문에 들어가서 행복한 삶을 살게 되었다는 기쁨을 더 가져야 할 것이다.

교회와 유족들이 표현하고 있는 천국 가는 길을 조문객들이 보면서 고인은 죽은 것이 아니라 죽음의 문을 열고 천국에 들어가고 있다는 것을 보는 정도가 아니라 생생하게 느낄 수 있도록 해야 한다. 고인은 천국에 들어가기 위해 천국 현관문을 열고 하나님 아버지께로 들어가고 있다는 사실을 일깨워주다 보면 천국입성을 위해 개선장군보다 더 당당한 모습으로 천국에 들어가셨다는 것을 천국환송예식을 통하여 보여 줄 수 있게 된다. 이렇게 눈에 보여지는 정도가 아니라 오감으로 느낄 수 있도록 천국 가는 길을 보여주게 된다면 조문객들에게 축복 정도가 아니라 가족들이 신앙으로 성장하는 기회가 될 것이다.

진리를 알게 해 주는 장례예식은 기독교에 대한 오해를 없애줄 뿐만 아니라 기독교인이 된다는 것을 흠모하게 될 것이다. 그러나 반대로 가장 정확하게 구원의 진리를 보여 줄 수 있는 장례예식에서 보여 주지 못하면 비난을 하는 정도가 아니라 영혼의 탄식 속에서 분노를 표출하는 것을 보게 될 것이다. 장례예식을 통하여 기독교가 배타적인 종교가 아니라 유일한 종교라는 사실을 보여 주어야 한다. 기독교가 배타적인 종교가 아니라는 사실이 고인의 선행으로 천국에 가는 것이 아니라 예수를 그리스도로 믿었기 때문에 하나님의 자녀가 된 자격으로 그의 아버지 집인 천국에 간다는 것을 보여 주어야 한다. 이와 같은 사실은 반대로 지옥에 가는 것은 죄를 많이 지은 죄인이라서가 아니라 예수를 그리스도로 믿지 않아서 하나님의 자녀가 못 되었기 때문에 천국에 가지 못한다는 것을 이해할 수 있게 될 것이다.

'천국환송예배' 드리기 전에 매장할 경우에는 먼저 부활대망예배를 드릴 장지를 반드시 가서 확인을 하여 부활을 대망하고 있다는 것을 교회를 바라보거나 십자가를 바라 볼 수 있는 방향으로 안장할 수 있게 해야 한다. 천국환송예배 순서를 담당할 자들 특히 설교와 기도 그리고 조사 내용은 반드시 확인을 하여 슬픔이 아니라 환송을 하고 있는지를 지도해 주어야 한다. 순서지를 품위 있게 만들어 나눠줌으로 기독교 예배에 한 번도 참여 하지 않았어도 성경 본문뿐만 아니라 요약 설교와 찬송 그리고 운구할 때 부를 찬송까지 순서지에 넣어서 예배를 구경하는 사람이 한 사람도 없도록 해야 한다.

그리고 예배 담당자는 예배 전에 음향기기도 점검하고, 자리를 정돈하면서 장례 위원장은 예배의 사회자를 소개하고, 사회를 넘기기 전에 분위기가 산만해지지 않도록 해야 한다. 가능한 여러 사람들이 순서를 나누어 진행하면서도 질서 있게 해야 한다. 운구하면서 부를 찬송은 장례예식 찬송가 테이프를 틀어주면서 따라 부를 수 있도록 순서지에 넣어 주어 천국환송예배를 드리고 돌아가는 자들 머리에 찬송이 잔상으로 남아 부를 수 있도록 해야 한다. 이렇게 예배를 드린 후에 모든 사람이 운구 대열에 같이 서서 찬송을 부를 수 있도록 하여 모두가 가장 아름다운 장례예식에 참여했다고 말할 수 있게 해야 한다.

4. 천국입성예식

　그동안 화장터에서 예배를 드릴 때는 명칭도 없이 무슨 예배를 드려야 하는지를 모르기 때문에 설교도, 찬송도, 기도도 어떻게 해야 하는지를 모르고 당황해하는 것을 볼 수 있었다. 이를 천국입성예식이라고 정한 것은 이미 영혼은 매장이든 화장이든 상관없이 소천과 동시에 하나님 아버지께서 천국으로 데려간다. 매장일 경우에는 시신이 매장되어 있는 곳을 보면서 고인의 신앙을 본받는데 좀 더 유익하지만 화장은 연기로 사라지고 유골을 뿌리거나 유골함에 담아 납골당에 보관을 하게 된다. 이렇게 시신이 사라지는 것처럼 되기 때문에 천국에 입성을 위해 땅에서 흔적이 사라진 것처럼 보이기 때문에 천국입성예식이라고 한 것이다.

　매장이든 화장이든 상관없이 예수님 재림하실 때 부활하는 것은 분명하지만 우리 시야에서 사라진 것처럼 되기 때문에 유족들에게 위로가 될 수 있도록 천국입성을 위해 살던 곳을 떠난다는 것을 강조해 주는 것이다. 유족들에게 장례예식 자체가 힘이 들지만 그중에서도 가장 힘든 시간은 바로 화장하는 시간일 것이다. 이를 믿음으로 이길 수 있는 방법은 가장 확실한 위로가 될 수 있도록 천국입성예식을 집례해야 할 것이다. 이 시간에는 음식을 나누면서 미리 준비하게 하여 고인의 신앙생활에 대하여 간증을 하게 하면서 고인의 신앙을 구체적으로 어떻게 본받을 것인가를 나누면서 천국으로 입성하고 계신 고인의 신앙의 유산을 각각 계승 발전시킬 수 있도록 헌신하게 하는 것이 큰 위로가 될 것이다.

화장할 경우 화장터에 도착하기 전에 상조회사나 교회에서 천막을 준비하여 예배 장소를 활용하는 것이 좋다. 화장 직전까지 잠시 대기 시간이 있는데, 이 때 천국입성예배를 드리고 고인이 화굴로 이동한다고 하면 '천국에서 만나보자'와 같은 찬송을 부르면서 화굴 앞에서 잠시 기도한 후 다시 천막으로 돌아와서 음식을 나누면서 준비한 고인의 신앙에 대하여 간증을 한다.

고인의 기도 생활과 응답에 나타난 하나님의 역사에 대하여 간증을 하고, 예배를 얼마나 갈망하면서 은혜를 받고 받은 은혜를 사람들과 이야기로 만들어 복음을 전하면서 살았는가를 간증한다. 고인이 좋아하던 찬송을 함께 부르면서 사시던 모습, 전도하고, 봉사하던 모습, 가정을 기독교 명문 가정으로 만들기 위해 믿음으로 자녀들을 키웠던 모습들을 서로가 나누면서 고인의 신앙생활을 계승 발전시키기 위해 함께 기도하면서 시간을 보내다보면 고인이 천국에 입성하는 모습을 하나님 아버지께서 기뻐 받아주시는 것이 눈에 보이는 것과 같은 은혜를 누리게 될 것이다. 무엇보다도 고인이 가족들에게 믿음으로 살아야 한다는 유언을 남기게 하여 이 시간에 들려주게 되면 많은 사람들이 회개하면서 은혜를 누릴 수 있게 될 것이다.

3일 동안 장례예식장에서 많은 사람들을 영접하면서 피곤에 지쳐 있지만 이 시간에 누가 가장 아름답게 고인이 천국 가는데 아름답게 고인의 신앙을 표현했는가를 나누면서 시상식도 하면 장례식장이 아니라 천국혼인잔치를 하고 있다는 것을 실감할 수 있을 것이다. 이 모든 일들은 교회와 상조회사가 유족들과 함께 철저한 준비가 있어야 가능한 일이다. 이는 어려운 일이 아니다. 교회가 상조회사와 함께 몇 번만 준비하여 시행을 하다보면 가장 거룩하고 아름다운 예식을 집례할 수 있게 되어 많은 사람들을 예수를 그리스도로 믿게 하여 하나님 아버지께로 인도할 수 있게 되는 것을 볼 수 있다.

교회의 경조부에서는 장례예식마다 장례위원장을 정하고, 유족들과 긴밀한 관계 속에서 예식 순서에 대하여 다른 분들의 영상을 보여 주기도 하고, 예식 순서지도 보여 주면서 국가장보다 더 잘 준비하여 집례를 한다는 확신을 주게 되면 온 가족이 하나가 되는 것을 볼 수 있다. 경조부에서는 이동 전에 예배를 드릴 수 있는 장소를 화장터와 협의를 하여 준비를 해야 하고, 순서지와 신앙 간증을 할 수 있는 가족들을 미리 선정해야 하고, 음식도 상조회사와 함께 준비를 해야 한다. 마이크 시스템도 준비하여 예배드릴 때 착오가 없도록 해야 한다. 고인의 신앙적인 유언도 미리 준비를 해야 하고, 이동하면서 함께 따라 부를 수 있도록 스마트폰과 연결할 수 있는 스피커폰도 준비해야 한다.

이렇게 잘 준비만 되면 유족들은 기독교 명문 가정에 대한 자부심을 가지고 기쁨으로 기독교 장례예식에 참여하게 될 것이다. 유족들은 아직 기독교 장례예식에 대하여 잘 모르는 부분이 있기 때문에 준비가 잘 되지 않는 것 같으면 기독교 장례예식이 싫어서가 아니라 고인을 소홀하게 대한다는 생각 때문에 거부하게 된다는 것을 명심해야 한다. 기독교예식이라고 인정될 수 있는 특별한 것이 없을 경우에는 형식적인 예배만 드리고 가는 것처럼 비기독교인들에게 보여 지게 된다. 이런 상태에서는 조문객이 기다리는 상황 속에서 예배가 길어지는 것 같으면 짜증을 내는 모습을 보게 된다.

천국입성예식은 유족들에게 가장 중요한 시간이다. 다른 예식은 조문객에게 기독교 명문 가정을 확인시켜 줌으로 예수를 그리스도로 믿을 수 있도록 신경을 써야만 되지만 이 시간에는 3일 동안 기독교 명문 가정을 보여 준 것에 대하여 점검하면서 시상도 하고, 고인의 신앙을 담은 전자앨범을 보면서 서로 간증하면서 결혼식 피로연을 하는 것과 같은 시간이다. 고인의 유언을 들으면서 은혜도 받고, 기독교 명문 가정이 되었다는 자부심도 가지게 되고, 신앙의 유산을 남기기 위한 헌신의 시간도 되기 때문에 초상집이 아니라 예수 그리스도와 결혼식을 마치고 천국에 입성하는 것을 축하하는 시간이다. 그래서 이 시간이 유족들에게는 신앙을 견고

하게 만드는 아주 중요한 시간이다.

5. 부활대망예식

부활대망예식에서 유족과 집례자 그리고 관계자는 미리 장지를 방문하여 묏자리를 교회나 십자가를 바라볼 수 있도록 하여 고인이 천국을 대망하고 있도록 해야 한다. 왜냐하면 이교적인 하관식에서 말하는 좌청룡우백호의 명당자리가 아니라 고인이 부활을 대망하고 있다는 것을 묏자리에서부터 보여 주어야 하기 때문이다. 특히 명당을 찾는 것은 불교와 유교에서도 샤머니즘이라고 말하고 있다.

> "명당자리를 골라 조상을 모심으로써 자식들이 영화와 부귀를 얻겠다고 하는 생각을 어떻게 보면 조상을 위하는 것이 아니고 '조상의 뼈를 팔아 자신의 이익'을 얻자는 지극히 타산적인 이기심이 있는 것으로 따져볼 수도 있는데 … 근본적으로 시정이 되어야 할 것이다."[18]

---

18 『家禮書式百科』(서울: 眞話堂, 1993), p. 99.

이렇게 명당자리를 찾는 것은 타 종교에서도 부정적으로 말하고 있는데 교회에서 할 수 있는 일이 아니다. 그렇다고 명당자리를 찾지 않도록만 하면 되는 것이 아니라 어떤 대안을 주어야 하는데 많은 부분에서 기독교는 대안은 주지 않고 안 된다고 만 하는 것을 보게 된다. 더욱 '부활대망예배'를 드리면서 명당자리를 찾는다는 것은 있을 수 없는 일이다. 이렇게 부활신앙에 대하여 말씀만 선포하는 것이 아니라 의식과 묏자리에서도 부활신앙을 표현해 줌으로 유족들의 삶에 적용될 수 있게 해야 한다.

부활대망예식은 명당자리를 찾는 것보다 더 좋은 묘지를 찾아서 안장을 해야 유족들도 위로를 받을 수 있고, 다른 사람들도 기독교 장례가 더 아름답다고 말하게 될 것이다. 이를 위해 몇 가지는 기억해야 한다.

① 땅을 팔 때 물이 나오지 않는 곳이어야 한다.
② 바위나 돌이 나와서도 안 된다.
③ 폭우가 쏟아질 때 산에서 물이 흘러 내려 묘지가 손실 되지 않는 것이어야 한다.
④ 폭우 시 물이 고여서 산소가 잠기지 않도록 해야 한다.
⑤ 북쪽을 보거나 바람 부는 언덕이어서 잔디가 살지 못하고 죽는 일이 없도록 양지 바른 곳을 택해야 한다.

풍수지리에서는 좌청룡우백호라는 자리 앞에 물이 흐르고 건너편 앞산 봉우리를 선호하지만 '부활대망예배'를 드릴 때는 풍수지리에 따를 것이 아니라 교회나 십자가를 볼 수 있도록 안장하여 산소에 왔을 때 가족들이 고인이 부활을 기다리고 있다는 것을 기억할 수 있도록 해야 한다. 교회에서 준비한 장지일 경우는 정면에 교회가 없으면 묘지정면에 대형 십자가를 세우고 바라볼 수 있도록 하여 고인들이 부활을 대망하고 있다는 것을 알 수 있도록 해야 할 것이다.

이렇게 하는 것은 성경에서도 다니엘이 예루살렘 쪽을 향한 창문을 열고 기도하였고(단 6:10), 야곱의 시신을 가나안 땅에 묻어주었고(창 50:13), 요셉은 자기 시신을 가나안 땅으로 가지고 가라(창 50:25)고 하였다. 고인이 어디를 보고 안장되어도 신앙적으로 문제되는 것은 아니다. 그러나 살아있는 유족들은 이런 의식을 통하여 부활신앙을 상기시키면서 부활에 대한 소망을 가지고 살면서 위로를 받을 수 있기 때문이다.

이는 유족들이 '부활대망예배'를 드릴 때 뿐 아니라 계속적으로 산소에 올 때마다 고인이 교회를 바라보면서 얼마나 부활을 대망하고 있는가를[19] 생각하면서 부활에 대한 확고한 신앙을 지속시키기 위함이다. '부활대망예배'에 참여한 자들에게 설교, 찬송, 기도

---

[19] 롬 8:22-23.

뿐만 아니라 예식 속에서도 고인이 부활을 대망하고 있다는 것을 강조하면서 유족이나 조문객도 부활신앙을 가질 수 있도록 해야 한다.

이와 같이 장례예식은 고인이 살아계실 때 효도하지 못했다는 생각이나 형제나 부부 간에 잘하지 못했다는 생각에서 벗어나 부활신앙으로 극복할 뿐 아니라 더 큰 사명과 헌신을 다짐할 수 있는 기회가 될 것이다.

6. 소천기념예식

그동안 한국교회에서 추모예배는 다른 장례의식보다 더 큰 문제를 가지고 있었다. 이는 제사를 대신하고 있었기 때문이다. 이렇게 제사를 대신하여 추모예배를 드렸기 때문에 제사 같지 않은 예배를 드렸고, 예배 같지 않은 추모식을 했기 때문에 성도들은 혼란에 빠져 제사답게 추모식을 하자는 것이고, 다른 한편에서는 사람을 추모하는 것이 아니라 예배답게 예배를 드리자고 하는 것이다. 이러한 문제는 모두 추모예배라는 명칭을 가지고 예배를 드렸기 때문이다.

이렇게 한국교회의 추모예배가 토착화되어 있으니 이제 성경으로 돌아올 수 있도록 역토착화 작업을 해야 할 것이다. 예수를 그리스도로 믿어 하나님의 자녀는 되었지만 의식이나 삶은 신앙과 상관없이 타 종교의식을 따르고 있기 때문에 초보적 신앙생활에서 벗어나지 못하고 있는 것이다. 이처럼 신앙생활과는 상관없는 제사의식이 삶이 되어 있었기 때문에 신앙생활과 자신의 삶을 조화시키지 못하고 이중적 삶을 살고 있었던 것이 현실이었다. 한국교회는 추모예배에 나타나 있는 이중적 삶 때문에 한걸음도 전진하지 못하고 초보적인 신앙생활을 하고 있는 것이다. 이는 잘못된 예배와 기독교와 상관없는 의식이 우리의 신앙생활을 붙들고 지배하기 때문이다.

히브리서 기자는 우리에게 신앙으로 인도하던 자들을 생각하며 본받으라고 지적하고 있다.

> "하나님의 말씀을 너희에게 이르고 너희를 인도하던 자들을 생각하며 저희 행실의 종말을 주의하여 보고 저희 믿음을 본받으라"(히 13:7).[20]

믿음장이라고 부르는 히브리서 11장에서도 믿음의 선배들이 실수도 하였지만 믿음을 지키면서 살아온 신앙의 선배들을 소개하면서 본받으라고 말씀하고 있는 것을 볼 수 있다. 이렇게 그동안

---

[20] 히 13:17, 24.

믿음으로 살았던 고인의 신앙생활을 가족들과 함께 나누면서 믿음으로 사는 것이 무엇을 말하고 있는가를 되새기면서 소천하신 고인의 신앙을 기념하며 본받는다면 신앙의 유산이 될 것이다.

지금까지 고인을 추도(죽은 사람을 생각하며 슬퍼한다) 또는 추모(죽은 사람을 그리워한다)한다고 하면서 고인에게 집중되었던 것을 고인의 신앙을 본받기 위해 기념하는 것이 성경적인 소천신학을 따르고 있는 것이다. 그러므로 '소천기념예배'는 순수하게 고인의 신앙을 본받기 위하여 기념하는 것이지 우상화하는 것이 아니다. 우리에게 큰 약점으로 주어지고 있는 것이 있는데, 자랑하면 교만이라고 생각하면서 겸손해지는 것을 미덕으로 생각하는 것이다.

우리의 신앙이 발전하려면 고인의 신앙뿐만 아니라 우리의 아름다운 신앙생활은 서로 격려하면서 칭찬하고 자랑스럽게 생각해야 한다. 그래야 믿음의 진보가 있는 것이다.

'소천기념예배'를 드리기 위해서는 미리 고인의 신앙을 본받을 수 있는 유품들을 준비해야 한다. 고인이 늘 읽던 성경과 찬송가, 헌금봉투, 기도 일기, 선교하던 편지나 사진, 삶으로 보여 주던 간증들을 준비하여 유족들과 함께 나누면서 고인의 신앙을 유산으로 삼고 더 발전하기 위해 소천기념예배를 드린다면 신앙의 큰 유산이 될 것이다. 이러한 신앙의 유산들을 매년마다 하나씩 주제로 삼고, 고인이 기도하던 것, 예배드리던 것, 전도하던 것, 구제하던 것 등을 준비하여 발표하면서 구제적인 유산으로 만들어 기독교 명문 가정을 만들어야 할 것이다.

7. 결론과 제언

장례는 계획 없이 찾아오지만 이를 미리 준비만 하면 장례예식은 다른 예식과 달리 전도할 수 있는 기회를 많이 얻을 수 있을 뿐 아니라 유족으로 부활신앙을 가지고 살 수 있게 만들 수 있는 아주 중요한 예식이다. 약혼이나 결혼예식 그리고 수연예배와는 달리 장례예식은 3일 동안 5번 정도 예배를 드릴 수 있기 때문에 예배만이 아니라 예식까지도 소천신학에 따라 집례를 하게 되면 눈으로 볼 수 있게 되기 때문에 복음을 전하는 데 큰 효과를 얻게 될 것이다. 늘 기억이 될 수 있는 예식을 계승 발전시켜 나가게 해야 한다. 누구나 예수를 그리스도로 믿어 하나님의 자녀가 되면 자녀가 된 자격으로 천국에 가게 된다는 것을 가르치면서 부활신앙을 가지고 살면서 복음을 전파할 수 있도록 할 수 있다.

예수 그리스도께서 죄인들로 하나님 아버지 집에 들어가 자녀의 특권을 누릴 수 있도록 하시기 위하여 십자가에서 돌아 가셨다.

① 죄인들의 죄과에서 속죄함을 받을 수 있게 하였다(벧전 1:18-19; 갈 1:4; 마 20:28; 딤전 2:6).

② 하나님 아버지는 자신의 공의를 만족시키셨다.
③ 하나님 아버지는 죄인을 용서하시고 화목할 수 있도록 하셨다(히 9:5-11; 요일 2:2; 4:10).

이렇게 주님의 십자가는 화목제물이 되어 단번에 영원한 속죄를 이루심으로 구속을 이루셨다(고후 5:18-20; 골 1:20-21). 장례예식은 이와 같은 예수 그리스도의 구속뿐만 아니라 부활신앙까지 심을 수 있는 예배와 의식이다. 그러므로 이런 신학을 담을 수 있는 장례예식이 될 수 있도록 그동안 장례예식의 명칭을 바꾸고 장례신학에 따라 예배와 의식을 치를 수 있도록 제안하였다. 이제는 이렇게 달라진 장례예식을 따름으로 한국교회가 가장 큰 문제로 안고 있는 종교와 삶이 이중적인 것을 해결할 수 있기를 바란다.

우리 어머님 예수님 신부로
천국에 입성해요

제 3 부
장례예식 순서

1. 소천예배 순서
2. 소천송별예배 순서
3. 천국환송예배 순서
4. 천국입성예배 순서
5. 부활대망예배 순서
6. 소천기념예배 순서

제 3 부
장례예식 순서

1. 소천예배 순서

　소천예배는 하나님 아버지께서 그의 자녀인 우리들을 구원하시기 위해 예수를 그리스도로 믿게 하여 하나님 아버지의 자녀가 될 수 있는 권세를 주신 것에 감사하는 시간입니다. 그리고 다른 형제를 구원하도록 사명을 주시고 성령으로 도와주시며 사명을 감당하게 하시다가 천국으로 부름 받기 전에 가족과 함께 드리는 예배입니다. 이 시간에 유족들은 부름 받은 성도의 유언과 함께 하나님 아버지께 헌신을 다짐하고, 부름 받는 자는 남은 유족을 위해 기도해 주고, 목사님은 아름다운 신앙이 유산이 되어 기독교 명문 가정을 이룰 수 있도록 기도해 주는 시간입니다.

1 묵 도 ·· 다 같 이
2 기원 ··집 례 자

사랑의 하나님 아버지!
　최경순 권사님으로 하나님의 아들이신 나사렛 예수를 그리스도로 믿을 수 있게 하여 하나님의 딸로 권사의 직분을 감당하며 많은 신앙의 유산을 남겨 주어 자녀들과 성도들로 아름다운 신앙을 갖고 살아갈 수 있도록 도와주신 것 감사드립니다. 이 아름다운 신앙의 유산을 더 발전시켜 최 권사님처럼 성령의 능력으로 살 수 있게 하여 하나님 아버지의 영광을 누리게 도와주소서.
　오늘 우리는 하나님의 부름으로 천국으로 이사 가시기 전에 최 권사님께 마지막 기도 받길 원합니다. 권사님의 아름다운 신앙을 유산으로 삼고자 이렇게 모였으니 은혜를 베풀어 주옵소서. 예수 그리스도 이름으로 기도합니다. 아멘.

3. 찬　송 ············· 240(통231) ············· 다 같 이

주가 맡긴 모든 역사

주가 맡긴 모든 역사 힘을 다해 마치고 밝고 밝은 그 아침을 맞을 때
요단강을 건너가서 주의 손을 붙잡고 기쁨으로 주의 얼굴 뵈오리
나의 주를 나의 주를 내가 그의 곁에 서서 뵈오며

나의 주를 나의 주를 손의 못자국을 보아 알겠네.

하늘나라 올라가서 주님 앞에 절하고 온유하신 그 얼굴을 뵈올 때
있을 곳을 예비하신 크신 사랑 고마워 나의 주께 기쁜 찬송 드리리
나의 주를 나의 주를 내가 그의 곁에 서서 뵈오며
나의 주를 나의 주를 손의 못자국을 보아 알겠네.

4. 기　도 ··· 김교찬 장로

사랑의 하나님 아버지여!

　이렇게 최경순 권사님으로 예수를 그리스도로 믿어 하나님의 딸이 되게 했을 뿐만 아니라 사람을 구원하라는 사명을 주시며 성령의 인도를 받게 하여 그동안 살면서 하나님 아버지를 세상에 계시해 보일 수 있도록 역사해 주신 것에 감사드립니다. 무엇보다 권사님이 전도하시던 것을 본받아 자녀들도 전도하고 선교하는 것을 기쁨으로 여길 수 있게 인도해 주신 것을 감사드립니다. 늘 기도에 힘쓰시기 위해 40일 아침금식기도, 40일 점심금식기도, 40일 저녁금식기도, 40일 철야기도하면서 기도에 힘쓰시던 것을 자녀들이나 교회가 본받아 기도하며 응답을 받는 것을 간증하면서 기쁨으로 신앙생활 할 수 있도록 인도해 주신 것에 감사드립니다.

　오늘 우리는 최 권사님의 신앙을 본받고자 이렇게 모였으니 권

사님처럼 전도하면서 기도하고 말씀을 가까이 하는 것이 우리의 능력이라는 확신을 가질 수 있도록 인도하여 주시옵소서. 지금 최 권사님은 하나님 아버지께 간다는 것 때문에 기쁨이 충만해 계시기에 우리는 슬픔의 눈물이 아니라 기쁨의 찬송을 부르고 있습니다. 이렇게 저희들로 천국의 기쁨을 누릴 수 있도록 인도하여 주신 것에 감사드립니다. 천국부름예배의 모든 순서를 통하여 천국의 기쁨을 누리길 원합니다. 믿음이 성장하는 기회가 되어 믿음의 대장부가 될 수 있도록 인도하여 주시옵소서. 예수 그리스도 이름으로 기도합니다. 아멘.

5. 성 경 ·············· 고린도후서 5:1-7 ·············· 집 례 자

만일 땅에 있는 우리의 장막 집이 무너지면 하나님께서 지으신 집 곧 손으로 지은 것이 아니요 하늘에 있는 영원한 집이 우리에게 있는 줄 아느니라 참으로 우리가 여기 있어 탄식하며 하늘로부터 오는 우리 처소로 덧입기를 간절히 사모하노라 이렇게 입음은 우리가 벗은 자들로 발견되지 않으려 함이라 참으로 이 장막에 있는 우리가 짐진 것 같이 탄식하는 것은 벗고자 함이 아니요 오히려 덧입고자 함이니 죽을 것이 생명에 삼킨바 되게 하려 함이라 곧 이것을 우리에게 이루게 하시고 보증으로 성령을 우리에게 주신 이는 하나님이시니라 그러므로 우리가

항상 담대하여 몸으로 있을 때에는 주와 따로 있는 줄을 아노니 이는 우리가 믿음으로 해하고 보는 것으로 행하지 아니함이로라.

6. 설   교 ·············· 천국에 있는 내 집 ··········· 이원옥 목사
7. 헌신기도 ··· 가 족 들

어머님의 신앙을 본받아 믿음의 대장부답게 살아서 하나님 아버지의 기쁨이 되도록 하겠습니다. 우리의 삶으로 하나님 아버지의 모습을 세상에 계시해 보여 줌으로 사람들을 하나님 아버지를 알아 갈 수 있도록 하겠습니다.

8. 축복기도 ·· 최경순 권사

하나님 아버지, 이들이 헌신한 것처럼 전도자가 되기 위해 말씀 안에서 늘 기도하면서 하나님 아버지께서 주신 사명을 잘 감당하게 하여 주시옵소서.

9. 기   도 ·· 설 교 자

사랑의 하나님 아버지!

이렇게 우리 최경순 권사님으로 죽음의 문을 열지만 지옥에 들어가는 것이 아니라 천국에 들어갈 수 있도록 예수를 그리스도로 믿어 하나님의 딸이 될 수 있도록 인도해 주신 것을 감사드립니다. 뿐만 아니라 천국에 권사님의 집을 준비해 놓고 이렇게 불러 주시니 감사드립니다. 우리로 천국에 들어가시는 권사님을 보면서 큰 기쁨을 누릴 수 있도록 인도해 주시는 것에 감사드립니다. 우리도 이 세상을 떠날 때 천국에서 권사님을 기쁨으로 만날 수 있도록 주신 사명을 잘 감당하여 많은 사람들을 권사님처럼 하나님 아버지께로 인도할 수 있게 인도하여 주시옵소서. 이런 기쁨이 있기에 슬픔이 아니라 기쁨으로 권사님을 송별하게 됩니다. 권사님으로 평강을 누릴 수 있게 하여 저희로 신앙의 아름다움을 볼 수 있게 하여 하나님 아버지의 영광을 누리면서 남은 사명을 감당하게 인도하여 주시옵소서.

　최 권사님이 열고 계신 죽음의 문 뒤에서 하나님 아버지께서 기다리고 마중해 주신다는 것 때문에 저희는 기쁨을 감추지 못하고 찬송을 부르게 됩니다. 우리에게 권사님이 천국에 가시는 것을 볼 수 있게 하여 천국을 사모하면서 사명을 권사님처럼 감당해야겠다고 헌신할 수 있게 인도해 주시는 것에 감사드립니다. 우리도 권사님의 신앙을 본받아 믿음의 대장부로 살 수 있도록 인도하여 주시옵소서. 예수 그리스도 이름으로 기도합니다. 아멘.

10. 찬　송 ·················· 480(통293) ················ 다 같 이

천국에서 만나보자

천국에서 만나보자 그날 아침 거기서

순례자여 예비하라 늦어지지 않도록

만나보자 만나보자 저기 뵈는 저 천국 문에서

만나보자 만나보자 그날 아침 그 문에서 만나자

너의 등불 밝혀 있나 기다린다 신랑이

천국 문에 이를 때에 그가 반겨 맞으리

만나보자 만나보자 저기 뵈는 저 천국 문에서

만나보자 만나보자 그날 아침 그 문에서 만나자

기다리던 성도들과 그 문에서 만날 때

참 즐거운 우리 모임 그 얼마나 기쁘랴

만나보자 만나보자 저기 뵈는 저 천국 문에서

만나보자 만나보자 그날 아침 그 문에서 만나자

11. 축　도 ································· 김준수 목사

2. 소천송별예배 순서

소천송별예배 후에 입관하기 때문에 다시는 이 땅에서 최 권사님의 얼굴을 뵈올 수 없지만 먼저 가신 권사님이나 우리는 영원한 천국에서 하나님 아버지를 찬양하며 살 것을 생각하면서 기쁨으로 예배를 드릴 수 있습니다. 하나님 아버지의 부름에 따라 권사님의 영혼은 먼저 천국에 있는 낙원에 가셨지만 육체는 흙으로 돌아갔다가 주님께서 재림하실 때 죽은 자나 산 자가 함께 부활하여 천국에 갈 것이기 때문에 소망을 가지고 소천송별예배를 드리겠습니다.

1. 묵　도 ………………………………………… 다 같 이
2. 기　원 ………………………………………… 집 례 자

사랑의 하나님 아버지!

최경순 권사님을 천국으로 불러 주셨기 때문에 권사님의 영혼은 이미 천국에 있는 낙원에 가셔서 하나님 아버지 앞에서 안식을 누리시고 계신 것을 우리는 믿기 때문에 기쁨으로 유족들과 함께 모여 소천송별예배를 드리게 됩니다. 이 예배를 드리면 우리는 권사님이 남겨주신 신앙의 유산이 얼마나 소중한지를 배우고, 그 신앙을 본받길 원합니다.

우리도 권사님처럼 천국을 대망하면서 하나님 아버지의 자녀로 하나님 아버지의 모습을 세상에 보이면서 살 수 있도록 인도하여 주시옵소서. 하나님 아버지께서 최 권사님의 신앙을 얼마나 귀하게 여기시고 계신가를 보길 원하오니 우리를 도와주시옵소서. 예수 그리스도 이름으로 기도합니다. 아멘.

3. 찬　　송 ················· 610(통289) ················· 다 같이

고생과 수고가 다 지난 후

고생과 수고가 다 지난 후 광명한 천국에 편히 쉴 때
주님을 모시고 나 살리니 영원히 빛나는 영광일세
영광일세 영광일세 내가 누릴 영광일세
은혜로 주 얼굴 뵈옵나니 지극한 영광 내 영광일세

주님의 한없는 은혜로써 예비한 그 집에 나 이르러
거기서 주님을 뵈옵는 것 영원히 빛나는 영광일세
영광일세 영광일세 내가 누릴 영광일세
은혜로 주 얼굴 뵈옵나니 지극한 영광 내 영광일세

앞서 간 친구를 만나볼 때 기쁨이 내 맘에 차려니와
주께서 날 맞아 주시리니 영원히 빛나는 영광일세

영광일세 영광일세 내가 누릴 영광일세
은혜로 주 얼굴 뵈옵나니 지극한 영광 내 영광일세 아멘

4. 기　도 ·· 이원국 장로

사랑의 하나님 아버지!

우리 어머님이신 최경순 권사님으로 예수를 그리스도로 믿게 하여 하나님 아버지의 딸로 이 땅에서 살게 하시면서 하나님 아버지의 영광을 드러낼 수 있게 해 주신 것에 감사드립니다. 하나님 아버지 저희 어머님은 기도로 사는 것이 무엇이며, 한 영혼을 구원하기 위해 어떻게 전도해야 하는지를 보여 주심으로 저희로 기도하는 자들이 될 수 있게 만들어 주셨습니다. 늘 말씀을 가까이 하시는 모범을 보여 주심으로 저희로 말씀 앞에서 살 수 있게 만들어 주셨습니다.

오늘 우리는 최 권사님의 신앙을 본받아 신앙의 유산으로 삼고자 합니다. 성령으로 도우시옵소서. 아버지 하나님 저희 어머님에게 말씀하시던 것과 같이 저희에게도 말씀하여 주시옵소서. 저희도 어머님처럼 신앙으로 살기 원합니다. 어머님의 기도가 우리의 기도가 되게 하여 주시고, 어머님께서 전도하시던 것이 우리의 직업이 될 수 있게 하여 주시고, 어머님께서 읽으시던 말씀이 우리의 능력이 될 수 있도록 도우시옵소서. 우리는 하나님 아버지의 면전

에서 찬양하면 사실 어머님을 기억하기 때문에 기쁨으로 어머님을 천국에 보내드립니다. 천국에서 하나님 아버지의 영광을 누리실 어머님을 기억할 뿐만 아니라 천국에서도 우리를 위해 하나님 아버지께 기도해 주실 것을 기억합니다. 어머님의 기도가 응답되도록 우리가 말씀 안에서 하나님 아버지의 뜻을 이루기에 능한 자들이 될 수 있게 하여 주시옵소서. 예수 그리스도 이름으로 기도합니다. 아멘.

5. 성 경 ··················· 빌립보서 1:6-8 ············· 집 례 자

> 너희 안에서 착한 일을 시작하신 이가 그리스도 예수의 날까지 이루실 줄을 우리는 확신하노라 내가 너희 무리를 위하여 이와 같이 생각하는 것이 마땅하니 이는 너희가 내 마음에 있음이며 나의 매임과 복음을 변명함과 확정함에 너희가 다 나와 함께 은혜에 참여한 자가 됨이라 내가 예수 그리스도의 심장으로 너희 무리를 얼마나 사모하는지 하나님이 내 증인이시니라.

6. 설 교 ··········· 그리스도 예수의 날 ············· 이원옥 목사
7. 기 도 ·· 설 교 자

사랑의 하나님 아버지!

이 세상에서 다시는 최경순 권사님을 뵈올 수 없다는 것 때문에 슬픔에 빠지는 것이 아니라 오히려 천국에서 하나님 아버지를 뵈옵고 영광을 누리실 것을 생각하니 기쁨의 찬송을 부를 수 있습니다. 우리로 하여금 그리스도 예수의 날을 소망하면서 최경순 권사님의 신앙을 본받게 인도해 주시는 것에 감사드립니다. 바울과 같이 예수 그리스도의 심장을 가지고 최경순 권사님처럼 우리도 믿음으로 살기 위해 늘 말씀을 가까이하고 늘 기도하면서 전도를 본업으로 인정하고 살아갈 수 있도록 축복해 주시옵소서. 이러한 우리의 모습이 세상의 빛이 되어 사람들이 우리를 통하여 하나님 아버지를 보아 알 수 있게 하여 예수를 그리스도로 믿을 수 있게 하여 주시옵소서. 예수 그리스도 이름으로 기도합니다. 아멘.

8. 찬 송 ·············· 608(통295) ············ 다 같이

후일에 생명 그칠 때

후일에 생명 그칠 때 여전히 찬송 못하나
성부의 집에 깰 때에 내 기쁨 한량 없겠네
내 주 예수 뵈올 때에 그 은혜 찬송하겠네
내 주 예수 뵈올 때에 그 은혜 찬송하겠네
후일에 장막 같은 몸 무너질 때는 모르나
정녕히 내가 알기는 주 예비하신 집 있네

내 주 예수 뵈올 때에 그 은혜 찬송하겠네
내 주 예수 뵈올 때에 그 은혜 찬송하겠네

9. 축 도 ………………………………………… 이원옥 목사

우리 어머님 예수님 신부로
천국에 입성해요

3. 천국환송예배 순서

　천국환송예배는 이미 최 권사님의 영혼은 천국에 갔지만 부활의 온전한 몸으로 천국에 입성하기 전까지 잠시 흙으로 돌아갔다가 주님께서 재림하실 때 부활하여 천국에 들어가기 위해 살던 곳을 떠나는 시간에 드리는 예배입니다. 많은 조문객과 함께 예배를 드리는 것이기 때문에 최 권사님이 천국에 가고 있다는 것을 예배와 의식을 통해 보여 드려야 합니다. 천국입성을 위해 떠나는 시간이기 때문에 기쁨으로 환송해야 할 것입니다.

　1. 묵　도 …………………………………………… 다 같이
　2. 기　원 …………………………………………… 집 례 자

　은혜와 사랑이 풍성하신 하나님 아버지!
　오늘 우리는 하나님 아버지께서 딸로 삼아주신 최경순 권사님을 천국으로 불러 주셨기 때문에 그의 영혼은 이미 아버지 하나님의 면전에서 영광을 찬양하며 지내고 계실 것이고, 육체도 주께서 재림하실 때 부활하여 영원한 천국에서 하나님 아버지를 찬양하며 살 것을 믿고 있기 때문에 기쁨으로 천국환송예배를 드리게 됩니다.
　아버지 하나님께서 권사님에게 그동안 한 영혼을 구원하기 위해 기도하면서 말씀을 듣고 전도한 것들을 칭찬하시면서 상을 주

실 것을 기억하면서 기쁨으로 천국환송예배를 드리게 됩니다. 저희도 최 권사님의 신앙을 본받아 하나님 아버지의 기쁨이 되길 원하오니 성령으로 도우시옵소서. 예수 그리스도 이름으로 기도합니다. 아멘.

3. 찬　　송 ·················· 489(통541) ················ 다 같 이

저 요단강 건너편에 찬란하게

저 요단강 건너편에 찬란하게 뵈는 집
예루살렘 새집에서 주의 얼굴 뵈오리
빛난 하늘 그 집에서 주의 얼굴 뵈오리
한량없는 영광 중에 주의 얼굴 뵈오리
주가 내게 부탁하신 모든 일을 마친 후
예비하신 그 집에서 주의 얼굴 뵈오리
빛난 하늘 그 집에서 주의 얼굴 뵈오리
한량없는 영광 중에 주의 얼굴 뵈오리

4. 기　　도 ······································· 이원국 장로

사랑의 하나님 아버지!
우리 어머님이신 최경순 권사님으로 예수를 그리스도로 믿게

하여 하나님 아버지의 딸로 이 땅에서 살게 하시면서 하나님 아버지의 영광을 드러낼 수 있게 해 주신 것에 감사드립니다. 하나님 아버지 저희 어머님은 기도로 사는 것이 무엇이며, 한 영혼을 구원하기 위해 어떻게 전도해야 하는지를 보여 주심으로 저희로 기도하는 자들이 될 수 있게 만들어 주셨습니다. 늘 말씀을 가까이 하시는 모범을 보여 주심으로 저희로 말씀 앞에서 살 수 있게 만들어 주셨습니다.

오늘 우리는 최 권사님의 신앙을 본받아 신앙의 유산으로 삼고자 합니다. 성령으로 도우시옵소서. 아버지 하나님 저희 어머님에게 말씀하시던 것과 같이 저희에게도 말씀하여 주시옵소서. 저희도 어머님처럼 신앙으로 살기 원합니다. 어머님의 기도가 우리의 기도가 되게 하여 주시고, 어머님께서 전도하시던 것이 우리의 직업이 될 수 있게 하여 주시고, 어머님께서 읽으시던 말씀이 우리의 능력이 될 수 있도록 도우시옵소서.

우리는 하나님 아버지의 면전에서 찬양하면 사실 어머님을 기억하기 때문에 기쁨으로 어머님을 천국에 보내드립니다. 천국에서 하나님 아버지의 영광을 누리실 어머님을 기억할 뿐만 아니라 천국에서도 우리를 위해 하나님 아버지께 기도해 주실 것을 기억합니다. 어머님의 기도가 응답되도록 우리가 말씀 안에서 하나님 아버지의 뜻을 이루기에 능한 자들이 될 수 있게 하여 주시옵소서. 예수 그리스도 이름으로 기도합니다. 아멘.

5. 성 경 ･････････････････ 빌립보서 1:6-8 ･･･････････ 집 례 자

> 너희 안에서 착한 일을 시작하신 이가 그리스도 예수의 날까지 이루실 줄을 우리는 확신하노라 내가 너희 무리를 위하여 이와 같이 생각하는 것이 마땅하니 이는 너희가 내 마음에 있음이며 나의 매임과 복음을 변명함과 확정함에 너희가 다 나와 함께 은혜에 참여한 자가 됨이라 내가 예수 그리스도의 심장으로 너희 무리를 얼마나 사모하는지 하나님이 내 증인이시니라.

6. 설   교 ･･･････････ 그리스도 예수의 날 ･････････ 이원옥 목사
7. 기   도 ･･설 교 자

은혜와 사랑이 풍성하신 하나님 아버지!

이 세상에서 최경순 권사님을 다시 뵈올 수 없다는 슬픔보다 천국에서 하나님 아버지의 얼굴을 뵈옵고 영광을 누리실 것을 생각하면서 기쁨을 감출 수 없어서 찬송하게 만들어 주신 것에 감사드립니다. 우리로 하여금 그리스도 예수의 날을 소망하면서 최경순 권사님의 신앙을 본받아 교회를 섬기면서 말씀을 붙들고 기도하면서 전도할 수 있게 인도하여 주시옵소서. 바울과 같이 예수 그리스도의 심장을 가지고 최경순 권사님처럼 우리도 믿음으로 살도록 인도하여 사람들로 우리를 믿음의 대장부라고 말할 수 있도록

인도하여 주시옵소서. 이렇게 최경순 권사님을 통하여 이 씨 가문이 기독교 명문 가정이 되었는데, 이를 더 발전시켜 많은 사람들을 옳은 데로 인도하는 자들이 될 수 있도록 인도하여 주시옵소서. 예수 그리스도 이름으로 기도합니다. 아멘.

8. 찬 송 ·················· 608(통295) ················· 다 같 이

후일에 생명 그칠 때

후일에 생명 그칠 때 여전히 찬송 못하나
성부의 집에 깰 때에 내 기쁨 한량 없겠네
내 주 예수 뵈올 때에 그 은혜 찬송하겠네
내 주 예수 뵈올 때에 그 은혜 찬송하겠네

후일에 장막 같은 몸 무너질 때는 모르나
정녕히 내가 알기는 주 예비하신 집 있네
내 주 예수 뵈올 때에 그 은혜 찬송하겠네
내 주 예수 뵈올 때에 그 은혜 찬송하겠네

9. 축 도 ······································· 이원옥 목사

4. 천국입성예배 순서

　조금 전에 우리는 최경순 권사님의 천국환송예배를 그리고 이제 천국입성예배를 드리게 됩니다. 천국입성예배는 화장으로 최경순 권사님이 모든 모습을 벗어버리고 세상을 떠나 천국에 입성하기 위해 떠나는 것을 기억하면서 드리는 예배입니다. 화장으로 권사님의 모습은 사라지지만 우리가 슬퍼하지 않는 것은 화장이 천국에 입성하는 것임을 믿고 있기 때문이다. 천국에서 만날 것을 기약하면서 우리도 천국을 사모하는 믿음을 가지고 예배에 참여할 수 있기를 축원합니다.

　1. 묵　도 ………………………………………… 다 같 이
　2. 기　원 ………………………………………… 집 례 자

　최경순 권사님을 딸로 회복시켜 주신 하나님 아버지!
　오늘 우리는 최경순 권사님이 천국으로 입성하시기 위해 떠나시는 것을 보고 있습니다. 우리도 권사님처럼 천국을 사모하면서 권사님의 신앙을 본받아 기도의 사람이 되게 하여 주시고, 전도의 왕이 될 수 있게 하여 주시옵소서. 우리가 천국에 입성하기 위해 떠나는 날도 오늘을 기억하면서 모두가 기쁨으로 예배를 드릴 수 있게 하여 주시옵소서.

하나님 아버지 천국입성예배를 드리는 모든 이들에게 이 예배를 통하여 천국이 눈에 보이는 것과 같은 기쁨이 있게 하여 주시옵소서. 천국에서 우리를 마중하고 계신 하나님 아버지를 볼 수 있도록 도와주시옵소서. 예수 그리스도 이름으로 기도합니다. 아멘.

3. 찬　　송 ……………………… 480(통293) …………… 다 같 이

　　　　　　　　천국에서 만나보자

후일에 생명 그칠 때 여전히 찬송 못하나
성부의 집에 깰 때에 내 기쁨 한량 없겠네
내 주 예수 뵈올 때에 그 은혜 찬송하겠네
내 주 예수 뵈올 때에 그 은혜 찬송하겠네

후일에 장막 같은 몸 무너질 때는 모르나
정녕히 내가 알기는 주 예비하신 집 있네
내 주 예수 뵈올 때에 그 은혜 찬송하겠네
내 주 예수 뵈올 때에 그 은혜 찬송하겠네

4. 성　　경 …………… 요한계시록 22:20-21 ………… 집 례 자

이것들을 증언하신 이가 이르시되 내가 진실로 속히 오리라 하

시거늘 아멘 주 예수여 오시옵소서 주 예수의 은혜가 모든 자들에게 있을지어다 아멘.

6. 설   교 …… 아멘 주 예수여 오시옵소서 ……… 이원옥 목사
7. 기   도 ………………………………………… 설 교 자

최경순 권사님을 하나님의 딸로 회복시켜 천국으로 인도하시기 위해 예수께서 사람의 몸을 입게 하신 후 십자가를 지시고 장사되었다가 부활하셔서 영원토록 천국에서 하나님 아버지와 함께 살 수 있도록 만들어 주신 아버지 하나님!

주 예수께서 다시 오실 재림을 기다리면서 천국입성을 위해 출발하시는 최경순 권사님처럼 우리들도 천국을 사모하면서 믿음으로 살아갈 수 있도록 도와주시옵소서. 우리도 최 권사님처럼 믿음의 유산을 만들어 가족들에게 남겨 줌으로 우리 가정을 기독교 명문 가정을 만들어 갈 수 있도록 도와주시옵소서. 여기에 아직까지 예수를 그리스도로 믿지 않고 있는 이들에게도 최경순 권사님처럼 믿음을 가지고 살다가 하나님 아버지께서 부를 때 천국에 갈 수 있도록 도와주시옵소서. 영생을 주시는 예수 그리스도의 이름으로 기도합니다. 아멘.

8. 축   도 ………………………………………… 이원옥 목사

5. 부활대망예배 순서

　최경순 권사님은 우리로 부활을 대망하면서 살 수 있도록 하기 위해 산소 앞에 설 때마다 교회를 바라볼 수 있도록 안장됩니다. 우리는 부활을 대망하면서 산다는 것이 무엇인지를 산소 앞에서 최 권사님의 신앙을 기억하면서 예수 그리스도의 부활을 통하여 찾기 원하여 부활대망예배를 드리게 됩니다. 이 예배를 통하여 모두가 부활신앙을 가질 수 있기를 축원합니다.

　1. 묵　　도 ………………………………………… 다 같 이
　2. 기　　원 ………………………………………… 집 례 자

　부활이요 생명이신 하나님 아버지!
　오늘 우리는 최경순 권사님의 부활을 기억하면서 부활대망예배를 드립니다. 사람이 죽어 흙으로 돌아가 없어지는 것이 아니라 모든 종교에서 내세가 있다고 말하고 있는데, 이 예배를 통하여 사람들이 어떻게 내세에 들어가는지를 알 수 있도록 인도하여 주시옵소서. 최 권사님은 죽음의 문을 연 것이 아니라 그 문 뒤에 하나님 아버지께서 최 권사님을 기다리고 계시기 때문에 천국 문을 열고 천국에 들어가신 것을 우리는 잘 알고 있습니다.
　최 권사님은 이곳에서 흙으로 돌아가 흔적도 없이 사라진다 해

도 부활의 주님께서 부활시켜 이미 천국에 가 있는 영혼과 만나 부활의 몸으로 천국에 갈 수 있도록 만드시는 창조주 하나님이심을 믿습니다. 이런 부활의 신앙을 가질 수 있도록 도와주시옵소서. 예수 그리스도 이름으로 기도합니다. 아멘.

3. 찬　　송 ·················· 167(통157) ············ 다 같 이

즐겁도다 이 날

즐겁도다 이 날 세세에 할 말 사망 권세 깨고 하늘이 열려
죽은 자가 다시 살아나와서 생명의 주 예수 찬송하도다
즐겁도다 이 날 세세에 할 말 사망 권세 깨고 승리하셨네

부활하신 주님 나타나시니 천지만물 모두 새 옷 입었네
꽃은 만발하고 잎이 우거져 승리하신 주를 찬송하도다
즐겁도다 이 날 세세에 할 말 사망 권세 깨고 승리하셨네

생명의 주 예수 죽음 이기고 무덤 문을 열고 살아나셨네
주의 말씀대로 이루어져서 사흘 만에 다시 살아나셨네
즐겁도다 이 날 세세에 할 말 사망 권세 깨고 승리하셨네 아멘

4. 기　　도 ································· 이원국 장로

사랑의 하나님 아버지!

사람들은 죽으면 끝이라고 말하지만 끝이 아니라는 것을 우리는 알고 있습니다. 모두가 내세가 있다고 말하지만 우리들은 죽음 뒤편에 지옥과 천국이 있다는 것을 알고 있습니다. 최경순 권사님으로 천국에 갈 수 있는 방법이 예수를 그리스도로 믿어 하나님의 자녀가 되어야 한다는 것을 믿을 수 있게 인도해 주신 것을 감사드립니다. 권사님으로 죽음을 두려워하지 않고 죽음 뒤편에 있는 천국 가는 길임을 믿게 하여 찬송을 부르면서 임종할 수 있게 해 주신 것을 감사드립니다. 권사님은 인생이 죽음으로 끝나지 않고 부활한다는 것을 믿고 계셨기 때문에 우리에게 울지 말고 찬송하라고 하셨습니다.

오늘 우리는 다른 사람을 안장하듯이 흙을 파고 이곳에 최 권사님을 안장하지만 권사님은 머지않아 주님께서 재림하실 때 살아 있는 자들과 함께 부활하여 천국에 들어가실 것이기 때문에 부활의 찬송을 부르면서 부활의 설교를 듣게 됩니다. 유족들은 권사님의 산소에 올라 올 때마다 권사님 뒤편에 있는 교회를 바라보면서 부활신앙을 잊지 않도록 도와주시옵소서. 조문객인 우리도 최경순 권사님의 부활대망예배를 평생 잊지 않고 기억하면서 부활신앙을 간직할 수 있게 하여 부활할 사람처럼 살 수 있도록 인도하여 주시옵소서.

이제 부활의 말씀을 기다립니다. 목사님으로 우리에게 부활이 무엇인지를 알 수 있도록 성령께서 도우셔서 우리 모두 부활의 신앙을 간직하며 살 수 있도록 인도하여 주시옵소서. 예수 그리스도 이름으로 기도합니다. 아멘.

5. 성 경 ·············· 요한복음 11:25-27 ·············· 집 례 자

> 예수께서 이르시되 나는 부활이요 생명이니 나를 믿는 자는 죽어도 살겠고 무릇 살아서 나를 믿는 자는 영원히 죽지 아니하리니 이것을 네가 믿느냐 이르되 주여 그러하외다 주는 그리스도시요 세상에 오시는 하나님의 아들이신 줄 내가 믿나이다.

6. 설 교 ············ 부활을 대망하는 자 ············ 이원옥 목사
7. 기 도 ··· 설 교 자

부활이요 생명이신 살아계신 하나님 아버지!

먼저 최경순 권사님에게 이렇게 부활의 신앙을 주셔서 천국을 바라보면서 살아갈 수 있도록 인도하여 주신 것을 감사드립니다. 저희들도 권사님처럼 부활신앙을 가지고 죽을 자처럼 사는 것이 아니라 부활할 자처럼 살아있는 신앙생활을 할 수 있도록 도와주시옵소서. 오늘 이렇게 최 권사님의 부활대망예배를 드리면서 부활을 소망하게 된 자들이나 혹시 믿음이 없어서 부활을 의심하는

자들에게 은혜를 베푸셔서 부활신앙을 가지고 죽음을 두려워하지 않고 세상을 이긴 자로 살아갈 수 있도록 인도하여 주시옵소서. 특별히 유족들 가운데 아직 신앙생활을 하지 못하고 있는 자가 있다면 권사님의 부활신앙을 가지고 살아갈 수 있도록 인도하여 주시옵소서.

부활이신 예수 그리스도의 이름으로 기도합니다. 아멘.

8. 찬 송 ·············· 606(통291) ·············· 다 같 이

해보다 더 밝은 저 천국

해보다 더 밝은 저 천국 믿음만 가지고 가겠네
믿는 자 위하여 있을 곳 우리 주 예비해두셨네
며칠 후 며칠 후 요단강 건너가 만나리
며칠 후 며칠 후 요단강 건너가 만나리

찬란한 주의 빛 있으니 거기는 어두움 없도다
우리들 거기서 만날 때 기쁜 낯 서로가 대하리
며칠 후 며칠 후 요단강 건너가 만나리
며칠 후 며칠 후 요단강 건너가 만나리

9. 축 도 ·· 이원옥 목사

6. 소천기념예배 순서

소천기념예배는 하나님 아버지의 부름으로 천국에 가신 권사님의 신앙을 본받기 위해 모여 예배드리는 시간입니다. 권사님의 기도습관, 말씀을 읽고 묵상하시던 것, 전도하면 구제하시던 것들을 준비하여 발표하면서 본받을 수 있어야 합니다. 이런 신앙의 유산들을 발전시켜 기독교 명문 가정으로 굳건하게 설 수 있게 하여 사람들로 믿음으로 사는 것이 무엇인지를 볼 수 있게 하여 구원에 이르게 하기 위해 소천기념예배를 드리는 것입니다.

1. 묵　도 ·· 다 같 이
2. 기　원 ·· 집 례 자

지금도 살아 역사하시는 아버지 하나님!

저희 가정에 어머님을 통하여 이렇게 아름다운 신앙을 물려주셔서 기독교 명문 가정으로 세워갈 수 있도록 축복해 주신 것을 감사드립니다. 올해를 우리 가족으로 어머님의 기도를 본받는 해로 정할 수 있게 해 주시고, 어머님의 기도에 대하여 연구하고 따라할 수 있게 도와주신 것을 감사드립니다. 이 소천기념예배를 통하여 기도하는 정도가 아니라 저희 어머님처럼 기도 응답이 성령의 역사로 이루어지는 것을 보면서 기도할 수 있도록 인도해 주시옵

소서. 소천기념예배를 드린 후 어머님께서 기도하시던 곳들을 돌아보며 기도 가운데 역사하신 성령의 역사를 보기 원하오니 저희 눈을 열어 성령의 역사를 볼 수 있게 도와주소서. 예수 그리스도 이름으로 기도합니다. 아멘.

3. 찬　　송 ················· 361(통480) ··············· 다 같이

기도하는 이 시간

기도하는 이 시간 주께 무릎 꿇고 우리 구세주 앞에 다 나아가네

믿음으로 나가면 주가 보살피사 크신 은혜를 주네

거기 기쁨 있네 기도 시간에 복을 주시네

기도하는 이 시간 주가 곁에 오사 인자하신 얼굴로 귀 기울이네

우리 마음 비우고 주를 의지하면 크신 은혜를 주네

거기 기쁨 있네 기도 시간에 복을 주시네

4. 기　　도 ······································· 이원율 집사

사랑의 하나님 아버지!

저희 가정에 이렇게 큰 축복을 허락하여 주셔서 한 사람 한 사람이 기독교 명장이 되어 갈 수 있게 할 뿐만 아니라 이들을 통하

여 각 가정을 기독교 명문 가정이 되어 갈 수 있도록 인도하여 주신 것에 감사드립니다. 특별히 올해는 우리가 어머님의 기도를 본받는 해로 정하고 어머님의 기도를 연구하면서 따라 행할 수 있도록 인도해 주신 것을 감사드립니다. 우리 모든 가족에 기도를 통하여 기도의 명장이 될 수 있도록 도와주시옵소서. 열심히 기도하는 정도가 아니라 기도가 어떻게 응답되고 있는 가를 볼 수 있도록 인도해 주셔서 기도하는 기쁨을 누릴 수 있도록 도와주시옵소서. 기도 가운데 역사하시는 성령을 보면서 성령이 우리와 어떻게 역사하고 계신지도 볼 수 있게 하여 주셔서 성령의 역사와 함께 살 줄 아는 명장이 되게 하여 주시옵소서.

우리 모두는 기도 가운데 역사하시는 성령에 대하여 간증하면서 기도의 명장으로 사는 삶이 무엇인지를 보여 줄 수 있게 하여 기도로 아버지 하나님을 닮아갈 수 있도록 인도하여 주시옵소서. 오늘도 말씀을 통하여 기도가 무엇인지, 어떻게 기도를 해야 하는지, 기도 가운데 성령께서 어떻게 역사하시는지를 보아 알기를 원합니다. 저희 눈을 열어 성령의 역사를 말씀 안에서 볼 수 있도록 인도하여 주시옵소서. 예배 후에 교회를 방문하여 어머님께서 기도하시던 곳에서 함께 기도하면서 어머님의 기도를 본받길 원하오니 도와주시옵소서. 예수 그리스도 이름으로 기도합니다. 아멘.

5. 성 경 ················ 창세기 24:10-14 ············· 집 례 자

이에 종이 그 주인의 낙타 중 열 필을 끌고 떠났는데 곧 그의 주인의 모든 좋은 것을 가지고 떠나 메소포다미아로 가서 나홀의 성에 이르러 그 낙타를 성 밖 우물곁에 꿇렸으니 저녁때라 여인들이 물을 길으러 나올 때였더라. 그가 이르되 우리 주인 아브라함의 하나님 여호와여 원하건대 오늘 나에게 순조롭게 만나게 하사 주인 아브라함에게 은혜를 베푸시옵소서. 성 중 사람의 딸들이 물 길으러 나오겠사오니 내가우물 곁에 서 있다가 한 소녀에게 이르기를 청하건대 너는 물동이를 기울여 나로 마시게 하라 하리니 그의 대답이 마시라 내가 당신의 낙타에게도 마시게 하리라 하면 그는 주께서 주의 종 이삭을 위하여 정하신 자라 이로 말미암아 주께서 내 주인에게 은혜 베푸심을 내가 알겠나이다.

6. 설 교 ············ 기도가 눈에 보여요 ············ 이원옥 목사
7. 기 도 ·· 설 교 자

기도 가운데 역사하시는 아버지 하나님!
저희로 최경순 권사님의 기도를 본받을 수 있도록 인도해 주신 것을 감사드립니다. 아브라함의 종처럼 기도한 것이 어떻게 이루어지고 있는 지를 볼 수 있게 하여 기도 가운데 역사하시는 성령의 역사를 볼 수 있게 하여 기도의 명장들이 될 수 있게 인도하여 주

시옵소서. 예수 그리스도 이름으로 기도합니다. 아멘.

8. 찬 송 ················· 364(통482) ················· 다 같 이

> **내 기도하는 그 시간**

내 기도하는 그 시간 그 때가 가장 즐겁다

이 세상 근심 걱정에 얽매인 나를 부르사

내 진정 소원 주 앞에 낱낱이 바로 아뢰어

큰 불행 당해 슬플 때 나 위로 받게 하시네

내 기도하는 그 시간 그 때가 가장 귀하다

저 광야 같은 세상을 끝없이 방황하면서

위태한 길로 나갈 때 주께서 나를 이끌어

그 보좌 앞에 나아가 큰 은혜 받게 하시네

9. 축 도 ······································· 이원옥 목사

제 4 부
장례예식 설교문

1. 천국부름예배
2. 소천송별예배
3. 천국환송예배
4. 천국입성예배
5. 부활대망예배
6. 소천기념예배

제 4 부
장례예식 설교문

1. 천국부름예배

    천국부름예배 설교는 하나님 아버지께서 예수를 그리스도로 믿은 자들을 그의 자녀로 삼아 주시면서 왕 같은 제사장일 뿐만 아니라 예수 그리스도의 신부로 삼아 주신다. 천국에 예수 그리스도의 신부이면서 왕으로 입성하기 전까지 복음을 전하는 사명을 감당하다가 사명을 다하면 천국으로 부름 받게 되는데 부름 받기 전에 자신이 하나님의 아들 만왕의 왕이라는 사실을 인식하고 사명을 감당하기 위해 죽음 직전보다는 미리 천국부름예배를 드린 후에 사명자로 살 수 있게 하는 것이 신앙적으로 더 유익하다. 다윗이 솔로몬에게 많은 유언을 남긴 것과 같이 유언들을 남겨서 마지막 부활대망예배를 드릴 때 분토하기 전에 함께 유언을 들으면서 다시 믿음으로 살도록 헌신하게 하는 것도 좋은 일이 될 것이다.

특별히 가족 중에 아직 예수를 그리스도로 믿지 않고 있는 자에게는 부름 받은 자가 유언을 함으로 예수를 그리스도로 믿을 수 있도록 하고, 고인은 죽음의 문을 여는 것이 아니라 천국 문을 열고 만왕의 왕 되신 예수 그리스도와 왕으로 결혼식을 하기 위해서 입성하게 된다는 것을 믿을 수 있게 하여 평강 가운데 왕 같은 제사장으로 천국에 입성한다는 것을 믿고 누릴 수 있도록 하기 위해 천국부름예배를 드린다는 것을 기억해야 한다.

천국부름예배의 설교는 부름 받은 자가 좋은 새 아파트를 구입하고, 가구까지 모두 준비한 후 입주하는 정도를 말하는 것이 아니다. 왕 같은 제사장으로 예수님의 신부가 되어 천국의 궁궐로 입성한다는 것을 분명하게 인식할 수 있도록 신앙생활을 시작하면서부터 누리면서 살 수 있도록 만드는 설교를 해야 한다. 그래야 마지막 부름 받아 갈 때 이미 자신의 삶이 왕 같은 제사장의 삶으로 만들어져 있기 때문에 기쁨으로 죽음을 맞아하면서 입성식을 기다리게 된다. 이렇게 우리는 예수 그리스도의 황후이면서 천국의 왕으로 입성하기 때문에 모든 것을 예수께서 천국에 준비해 놓고 신부를 기다리고 계신다. 그러므로 우리는 입성만 하면 모든 것이 준비되어 있는 것이다.

하나님 아버지께서 예수를 그리스도로 믿어 자녀 된 자들에게 천국에 왕궁을 만들었다는 것을 알도록 설교, 기도, 찬송을 해야하고 이 기쁨을 표현하여 부름 받는 자나 보내는 가족들이 함께 기쁨을 누릴 수 있도록 해야 한다.

1) 천국에 있는 왕궁(고린도후서 5:1-7)

> "만일 땅에 있는 우리의 장막 집이 무너지면 하나님께서 지으신 집 곧 손으로 지은 것이 아니요 하늘에 있는 영원한 집이 우리에게 있는 줄 아느니라 참으로 우리가 여기 있어 탄식하며 하늘로부터 오는 우리 처소로 덧입기를 간절히 사모하노라"
> (고후 5:1-2).

사람들이 죽음을 두려워하는 것은 죽음 뒤에 무엇이 있는지를 모르기 때문이다. 모든 사람은 하나님 아버지를 떠나 탕자가 된 죄인이기 때문에 지옥에 갈 수밖에 없다는 것을 스스로 알고 있다. 그런데 예수를 그리스도로 믿어 하나님의 자녀가 된 자들은 하나님의 자녀가 된 정도가 아니라 왕 같은 제사장이 되고 예수 그리스도의 신부가 되어 천국에 만들어진 왕궁으로 입성하게 된다는 것이다. 그러므로 하나님의 자녀들은 사람들이 말하는 죽음의 문을 여는 것이 아니다. 하나님의 자녀들은 죽음의 문 뒷면이 천국 문이기 때문에 천국 문을 열고 그의 아버지 나라인 천국의 왕궁에 입성하는 것이다.

사람에게는 세 가지 죽음이 있다.

첫 번째 죽음은 육체적 죽음으로 영혼이 육체로부터 분리 되면서 호흡이 멈추는 것이다.

두 번째 죽음은 영적인 죽음으로 인간이 하나님과 분리되는 것이다.

세 번째 죽음은 지옥에 들어가는 영원한 죽음이다.

가끔 사람들이 심장마비나 익사사고로 숨이 멈추면 인공호흡을 시켜 살려내는 것을 보게 된다. 영적으로 죽은 자들은 인공호흡으로 살아나는 것이 아니라 예수를 그리스도로 믿어 하나님 아버지의 자녀로 회복되는 것이 사는 방법이다. 그러나 세 번째의 영원한 죽음은 지옥에 들어갔기 때문에 다시 살 수 있는 방법이 전혀 없다.

바울도 이에 대하여 고린도후서 5장 1절에서 "만일 땅에 있는 우리의 장막 집이 무너지면 하나님께서 지으신 집 곧 손으로 지은 것이 아니요 하늘에 있는 영원한 집이 우리에게 있는 줄 아느니라"고 말씀하였다. 여기 장막이 무너졌다고 표현한 것은 영혼이 육체와 분리되는 죽음을 의미한다.

죽음에 대하여 바울은 다시 4절에서 "죽을 것이 생명에 삼킨바 되게 하려 함이라"고 말함으로 생명이 죽음을 삼킨다고 말하고 있다. 그러니까 하나님의 자녀들은 죽는 것이 아니라 생명을 얻기 위해 죽음의 문을 통과하여 하나님 아버지와 영원히 살게 되는 것이다. 하나님께서는 성령을 우리에게 주셔서 예수께서 그리스도이심을 믿을 수 있도록 도우실 뿐만 아니라 하나님의 자녀가 된 자들이 그의 아버지 집인 천국에 데려 감으로 생명이 죽음을 삼킨바 되었다고 말하고 있다.

오늘 천국에 입성하시는 김 집사님뿐만 아니라 우리 모두도 하나님의 자녀가 되었다는 것을 믿는가?

우리의 왕궁이 천국에 있다는 것도 아는가?

오늘 집사님이 여는 문은 죽음의 문이 아니라 천국에 들어가는 천국 문이다. 하나님 아버지께서 그동안 우리를 구원하여 자녀 삼아 놓고 성령으로 왕 같은 제사장으로 살도록 인도하셨다. 이제는 하나님 아버지께서 우리와 얼굴과 얼굴을 맞대고 그 영광을 누리면서 사는 모습을 보고 싶어 하신다. 하나님 아버지는 좀 더 빨리 우리로 천국의 영광을 누리게 하고 싶으셨지만 지옥 가는 형제들 중에 하나라도 더 하나님의 자녀로 회복시키기를 원하여 기다리고 계신다.

2) 천국에 있는 내 왕궁(요한복음 14:1-3)

"너희는 마음에 근심하지 말라 하나님을 믿으니 또 나를 믿으라 내 아버지 집에 거할 곳이 많도다 그렇지 않으면 너희에게 일렀으리라 내가 너희를 위하여 거처를 예비하러 가노니 가서 너희를 위하여 거처를 예비하면 내가 다시 와서 너희를 내게로 영접하여 나 있는 곳에 너희도 있게 하리라"(요14:1-3).

예수께서는 우리를 위해 세상의 어떤 집과 비교할 수 없는 집을 천국에 준비해 놓고 재림하셔서 우리 몸을 부활시켜 천국으로 데려 가시길 원하신다. 요한은 그 예수께서 신성을 가지고 계신 하나님의 아들이시며, 그리스도라는 사실에 대하여 13장까지 증명해 보이고, 14장에서는 천국에 우리의 집을 준비해 놓았다고 말씀하신다. 우리는 어떤 재료를 가지고 우리 집을 지으실 것인지, 어떤 목수가 어떤 구조로 집을 지으실 것인지도 모른다. 그러나 분명한 것은 우리가 살기 좋도록 창조주이신 예수 그리스도께서 그의 전능하심으로 왕궁을 지으셨다.

예수께서는 우리를 창조하신 하나님이시고, 우리를 구원하신 그리스도이시고, 우리의 문화와 성품과 기질 모든 것을 다 잘 알고 계시기 때문에 우리가 하나님의 영광을 누리며 살 수 있도록 만드신 것이다. 주님의 말씀이 설계도이고, 재료이고, 시공이기 때문에 주님의 말씀으로 전지하심 따라 완공시키실 것이다. 예수께서는 우리에게 "너희는 마음에 근심하지 말라 하나님을 믿으니 또 나를 믿으라"(요14:1)고 말씀하셨다.

개미가 사람의 능력을 이해할 수 없는 것처럼 우리가 창조주이신 예수께서 하신 역사를 이해할 수 없는 정도가 아니라 측량도 할 수 없다. 우리의 언어, 문화를 가지고 하나님에 대하여 말하지만 그 언어나 문화가 유한하기 때문에 전능하신 하나님 아버지에 대하여 표현할 수 없는 것이다. 그래서 우리가 할 수 있는 일은 다만 그의 말씀을 믿는 것뿐이다. 그의 전능하심을 믿을 뿐만 아니라 예수께서 그리스도이시며, 천국에 우리 집을 우리가 가장 좋아할 성향으로 준비해 놓으셨다는 것을 성령의 역사로 믿는 것이 우리가 해야 할 일이다.

예수께서는 다시 "내가 곧 길이요 진리요 생명이니 나로 말미암지 않고는 아버지께로 올 자가 없느니라"(요14:6)고 말씀하셨다. 마태는 예수님만 유일한 그리스도이시라는 사실을 증거 하기 위해 탄생에 대하여 구약성경이 예언한 신분상 5가지 조건, 즉 다윗의 왕위를 이을 수 있는 자시고, 동정녀 탄생을 하셨고, 베들레헴에서 탄생하셨고, 애굽에서 건져진 내 아들이시고, 나사렛 사람이었다는 것을 증거하였다. 그 다음 예수님이 하나님의 아들이라는 사실에 대하여 당시의 왕, 부모, 동방박사, 종교지도자, 세례 요한, 하나님, 마귀가 증거하였다.

예수께서 천국에서 오셨기 때문에 마태복음 5장에서 7장까지 천국헌장에 대하여 선포한다. 예수께서 다시 구약성경이 예언한 표적들을 행하신 후 제자들에게 "사람들이 나를 누구라고 하더냐"고 물으시고, "너희는 나를 누구라고 생각하느냐고 묻자 베드로는 주는 그리스도시오 살아계신 하나님의 아들이십니다"고 대답을 하였다. 예수께서는 자신이 하나님의 아들이며 그리스도라는 사실을 믿을 수 있게 하여 하나님의 자녀로 회복될 수 있게 하시기 위해 오신 분이시다. 이렇게 하나님의 자녀가 되면 자녀가 되었기 때문에 천국에 가는 것이다.

3) 향수(창세기 25:7-10)

"아브라함의 향년이 백칠십오 세라 그의 나이가 높고 늙어서 기운이 다하여 죽어 자기 열조에게로 돌아가매 그의 아들들인 이삭과 이스마엘이 그를 마므레 앞 헷 족속 소할의 아들 에브론의 밭에 있는 막벨라 굴에 장사하였으니 이것은 아브라함이 헷 족속에게서 산 밭이라 아브라함과 그의 아내 사라가 거기 장사되니라"(창 25:7-10).

히브리서 9장 27절이 "한 번 죽는 것은 사람에게 정하신 것이요 그 후에는 심판이 있으리니"라고 말씀한 것처럼 다른 종교에서도 사람은 죽어 없어지지 않고 다음 세상으로 간다고 말하고 있다. 그래서 사람들은 운명하는 것을 죽음의 문턱을 넘어 간다고 말하고 있다. 그러므로 죽음은 다음 세상으로 들어가는 출입문인 것이다. 사람들이 볼 때는 죽음의 문이라고 하지만 그 죽음의 문 뒷면은 사람에 따라 다르게 붙여지는 것을 볼 수 있다.

예수를 그리스도로 믿어 하나님의 자녀가 된 자들은 그의 아버지 하나님께서 천국에서 자식을 기다리며 마중하는 문이기 때문에 하나님 아버지는 죽음의 문을 천국 문이라고 부른다. 그러므로 하나님의 자녀들은 죽음의 문을 통과하는 것이 아니라 천국 문을 열고 천국에 있는 자기 집으로 들어가는 것이다. 그러나 예수를 그리스도로 믿지 않음으로 하나님의 자녀가 되지 못한 자들은 하나님의 자녀가 아니기 때문에 지옥에 가게 된다.

창세기 25장 7절에서 10절은 아브라함의 죽음에 대한 기록이다. 아브라함은 75세에 고향 땅을 떠난 후 100년을 하나님께서 지시한 땅에서 살다가 175세에 죽어 자기 열조에게로 돌아갔다.

아브라함이 죽어 열조에게로 돌아간 이유에 대하여 본문 말씀은 세 가지로 말씀하였다.

첫째, 수가 높아서 죽었다고 했다. "백발의 나이로 그 연수가 충만하여 만족했다"라는 것은 복된 수명을 누렸다는 말로 은총과 귀중히 여김을 받으면서 풍성한 삶을 살았다는 뜻이다.

둘째, 나이가 많아서 죽었다고 했는데, 나그네 인생길을 끝까지 걸어갔다는 뜻으로 그의 연수를 다 누렸다는 의미이다.

셋째, 기운이 진하여 죽었다고 말하고 있다. 사람이 살려면 몸에 일정량 이상의 기운이 있어야 하는데, 아브라함은 기운이 진하여 짐으로 죽게 되었다는 것이다.

이렇게 아브라함처럼 기운이 진하여 죽는 경우를 향수하였다고 하는데, 향수하다 죽는 자는 사는 동안 하나님의 도우심과 자녀들과 사람들에게 존경을 받다가 죽었다는 뜻이다. 우리나라에서도 노인이 기운이 진하여 죽은 것을 호상이라고 말하는데, 성경은 이를 향수했다고 말씀하고 있다. 젊어서 죽는 요절, 객지를 떠돌다가 죽는 것은 객사, 큰 병으로 인한 죽음은 병사라고 하는데, 아브라함은 이런 죽음이 아니라 향수하다가 하나님 아버지를 만나기 위해 열조가 있는 천국으로 들어가기 위해 운명한 것을 향수했다고 말하고 있다.

이처럼 성경은 죽는다는 것을 이 세상과 이별하고 하나님 아버지를 만나는 것이라고 말씀하고 있다. 하나님의 자녀들은 지옥 문을 여는 것이 아니라 천국 문을 여는 것이기 때문에 기쁜 일이다. 죽음의 문 뒤에는 하나님 아버지께서 그의 자녀를 기다리고 있기 때문에 아버지 하나님을 만나는 기쁜 일이다. 이렇게 하나님 아버지의 부름 앞에 서 있는 자들은 하나님 아버지를 만나러 가는 것이니 기쁜 찬송을 부르면서 환송하라고 유언해야 한다.

4) 선한 싸움(디모데후서 4:7-8)

"나는 선한 싸움을 싸우고 나의 달려갈 길을 마치고 믿음을 지켰으니 이제 후로는 나를 위하여 의의 면류관이 예비 되었으므로 주 곧 의로우신 재판장이 그 날에 내게 주실 것이며 내게만 아니라 주의 나타나심을 사모하는 모든 자에게 도니라"

(딤후 4:7-8).

사람들은 죽음이 임박한 것을 알게 되면 자녀들이나 제자들을 불러 유언을 남기는 것을 보게 된다. 아브라함, 이삭, 야곱, 요셉, 모세, 여호수아, 다윗과 솔로몬뿐만 아니라 많은 사람들이 죽음을 앞두고 사람들을 불러 권면하고, 기도해 주었다. 이들 모두는 말씀을 지켜 행하라고 유언을 남겼다.

말씀을 지켜 행해야 한다는 것에 대하여 오늘 본문에서도 바울은 그의 사랑하는 제자 디모데에게 말씀하고 있다. 바울은 디모데를 자식으로 삼아 돌봐주더니 이제 유언으로 전도자의 직무를 수행하라고 말씀하시는 것이다. 바울은 인생의 종착역 앞에서 사람이 살면서 해야 할 일이 있다면 전도자의 직무를 수행하는 것이라고 유언하고 있는 것이다. 이는 임종을 앞두고 있는 자들뿐만 아니라 부자와 나사로의 비유에서는 사람이 죽어서도 해야 할 일이라고 말씀하고 있다. 오늘 부름 받고 있는 성도님의 마지막 소원도 가족의 구원일 것이다.

첫째, 바울은 때를 얻든지 못 얻든지 항상 말씀 전하는 일을 힘쓰라고 유언하고 있다. 바울이 전하는 말씀은 하나님의 아들 예수께서 그리스도라고 전하여 이를 믿고 하나님의 자녀가 되라는 복음이다. 어떻게 예수께서 하나님의 아들이신지 그리고 우리의 구세주가 되셨는지에 대하여 네가 배운 것을 전하라는 것이다.

둘째, 바른 교훈을 전하는 스승이 되라고 유언하고 있다. 성경 전체는 하나님의 아들 예수께서 그리스도라고 말씀하면서 예수를 그리스도로 믿어 하나님의 자녀 된 자들이 어떻게 복음 전하면서 살았는가에 대하여 기록하고 있다. 그러므로 바른 교훈이란 하나님의 아들 예수께서 그리스도라는 사실에 대하여 지적으로 이해할 뿐만 아니라 삶으로 우리가 하나님의 자녀로 살고 있음을 보여 주어야 한다. 우리는 자신이 너무 부족하여 하나님 아버지께 드릴 것이 없다고 생각하지만 하나님께서는 우리 아버지시기 때문에 우리의 연약함을 들어 자신을 계시해 보이시는데 전능하신 분이시다.

바울처럼 우리 집사님도 우리에게 유언하고 싶은 말씀이 하나님의 아들 예수를 그리스도로 믿고, 이 복음을 전하라는 것이다. 복음을 전하는 것이 하나님 아버지를 가장 기쁘시게 해 드리는 일이고, 최고의 축복을 누릴 수 있는 지름길이다. 또한 고난을 두려워하지 말고, 고난을 통하여 복음을 전하는 데 있어서 능한 자가 되라는 것이다. 이렇게 우리의 재능을 가지고 복음을 전하는 데 있어서 능한 자가 세상을 변화시키면서 하나님 아버지의 능력을 세상에 보여 줄 수 있는 자라는 것을 집사님은 이제 알고 계시기 때문에 마지막 유언으로 들려주고 계신 것이다.

사람들이 대통령 앞에 설 때는 자신의 일이 부끄러워 처분만 기다리겠지만 자식이 아버지 앞에 설 때는 사랑이 있기 때문에 거래란 있을 수 없다. 그동안 집사님께서 우리에게 신앙의 모범을 보여준 십일조 드린 것, 예배시간이면 은혜를 사모하던 일, 눈물로 가정과 교회와 민족을 위해 기도하시던 모습은 우리에게 신앙의 좌표가 되어 있다. 하나님 아버지는 이를 사랑하신다.

5) 살든지 죽든지(빌립보서 1:20-21)

(옥한흠 목사 천국부름예배)

"나의 간절한 기대와 소망을 따라 아무 일에든지 부끄러워하지 아니하고 지금도 전과 같이 온전히 담대하여 살든지 죽든지 내 몸에서 그리스도가 존귀하게 되게 하려 하나니 이는 내게 사는 것이 그리스도니 죽는 것도 유익함이라"(빌 1:20-21).

한 영혼을 예수 그리스도의 온전한 제자로 삼는 제자훈련에 자신의 삶을 바친 옥한흠 목사님은 그의 모든 사명과 수고를 마치고 하나님 아버지의 부름에 따라 천국에 입성하시게 된다. 먼저 목사님에게는 평안을 김영순 사모님, 성호, 승훈, 성수 세 아드님과 친지 분들께는 하나님의 따뜻한 위로가 있길 축원한다.

본문 말씀은 그동안 제자훈련 사역을 통해 평신도의 마음을 이해하고, 그들을 위해 무엇을 어떻게 가르쳐야 할지 말씀과 씨름하면서 함께 아파했던 옥 목사님의 신앙고백이다. 교회의 갱신과 사회적 책임을 늘 말씀하신 목사님은 살든지 죽든지 내 안에 계신 예수 그리스도께서 존귀하게 나타나심으로 하나님 아버지께서 구원하시기 원하시는 구속의 역사가 이루어지길 원하셨다. 그 간절한 소원이 사랑의교회 성도들뿐만 아니라 그동안 평신도 사역을 배우고 가신 목사님 안에서 이루어지고 있다.

우리는 그동안 옥 목사님 사역을 통해 하나님 아버지께서 그의 구속의 뜻을 이루시는 것을 보면서 하나님 아버지께 영광을 돌려왔다. 전에 어느 인터뷰에서 목사님 인생에 가장 행복했던 시간에 대해 말씀하실 때 개척 후 8-9명의 성도들을 앉혀 놓고 하나님 말씀을 가르쳤던 그 조촐한 시간이 가장 행복했었다고 말씀하셨다. 소박하게 말씀 가르치시는 것을 행복으로 생각하시는 목사님을 앞으로도 많이 생각하게 될 것이다. 이러한 목사님의 목회철학은 건물 중심이 아닌 사람 중심의 목회, 한 영혼에 대한 소중함과 가치를 아시는 분이셨기에 하나님께서는 옥 목사님께 수많은 양들을 맡기셨다고 생각한다.

"우리를 통해 그리스도가 모든 사람 앞에 보여 지도록 우리 자신이 투명인간이 되어야 합니다. 내 삶이 예수 그리스도를 보여줄 수 있도록 우리는 개방되어야 하고, 사람들이 우리를 보고 변화될 수 있도록 해야 합니다. 하나님이 우리에게 이러한 은혜를 주시기 원합니다."

이 말씀은 소명 받은 평신도, 작은 예수가 되라는 목사님의 말씀이다. 평신도 제자훈련을 위해 평생을 바친 목사님이 자신이 먼저 그리스도의 신실한 제자로서 모범을 보여주셨고 확고한 목회 철학과 열정을 통해 사랑의교회는 물론 한국교회에 큰 모델이 되어 주셨다.

그동안 살든지 죽든지 목사님 몸에서 그리스도가 존귀하게 되게 하기 위해 달려온 시간과 세월을 통해 한국교회와 그 속에 있는 성도들이 얼마나 많은 열매를 맺게 되었는가. 그동안 하나님이 목사님을 통해 성취하신 일들로 하나님이 영광 받으셨음은 물론 정말 기뻐하시고 흡족하셨으리라 생각된다. 이러한 목사님이 우리와 또한 한국교회에 함께 하셨다는 사실에 우리 모두는 감사하지 않을 수 없다.

무엇보다 이제 하나님 아버지께서 계신 천국으로 가신다는 것에 우리 모두는 위로가 되고, 천국에 대한 소망을 가지게 된다. 우리는 슬픈 이별이 아니라 기쁨으로 환송할 수 있다. 우리는 목사님을 통하여 믿음으로 사는 것이 무엇인가를 배웠다.

6) 죽은 자의 소원(누가복음 16:27-29)

"이르되 그러면 아버지여 구하노니 나사로를 내 아버지의 집
에 보내소서 내 형제 다섯이 있으니 그들에게 증언하게 하여
그들로 이 고통 받는 곳에 오지 않게 하소서 아브라함이 이
르되 그들에게 모세와 선지자들이 있으니 그들에게 들을지
니라"(눅 16:27-29).

누가복음 16장 27-29절 말씀은 예수 그리스도께서 말씀하신 부자와 거지 나사로의 비유 중에서 부자가 자기처럼 형제들이 고통받는 음부에 오지 않도록 하기 위해 아브라함에게 애원하고 있는 내용이다. 본문 내용은 한 부자가 날마다 자색 옷과 고운 베옷을 입고 호화롭게 즐기며 살았는데, 그 집 대문 앞에는 거지 나사로가 헌데 투성이로 버려진 채 부자의 상에서 떨어지는 것으로 배불리려 하매 개들이 와서 그 헌데를 핥아 주게 되었다. 이렇게 살다가 거지 나사로는 죽어 천국에 가서 아브라함의 품에 있었고, 부자는 죽어 음부에 내려가 고통 중에 있었다.

사람들은 착한 일을 많이 해야 천국에 갈 것이라고 말하지만 성경은 그렇게 말하지 않는다. 천국에 갈 수 있는 자는 하나님의 아들 나사렛 예수께서 우리 죄를 대신하여 십자가에서 죽으시고 장사되었다가 부활하심으로 우리의 그리스도 즉 나의 구세주라고 믿

으면 하나님의 자녀가 되기 때문에 자녀가 된 자격으로 하나님 아버지 집인 천국에 가는 것이다. 천국 가는데 있어서 그동안 산 것이 문제가 아니라 예수를 나의 구세주로 믿느냐 안 믿었느냐가 중요하다. 예수를 나의 구세주시라고 고백하기만 하면 하나님의 자녀가 되기 때문에 자기 집이 있는 천국에 가는 것이다.

예수께서 십자가에서 죽으실 때 좌우편에서 처형되었던 행악자 중에 한 행악자는 다른 사람들처럼 예수님을 비방했지만 다른 행악자는 예수님께 당신이 하신 일은 옳지 않은 것이 없다고 말하면서 당신의 나라에 임하실 때 나를 기억하소서라고 말했다. 그러자 예수께서는 그 행악자에게 오늘 네가 나와 함께 낙원에 있으리라고 구원을 보장해 주었다.

조금 전에 읽었던 누가복음 16장의 부자가 음부에 내려가서 깨닫게 된 것이 있다. 아브라함에게 나사로의 손가락 끝에 물을 찍어 내 혀를 서늘하게 하소서 내가 이 불꽃 가운데서 괴롭다고 했지만 천국과 지옥은 왔다 갔다 할 수 있는 곳이 아니라고 함으로 거절당했다. 부자는 다시 아브라함에게 나사로를 내 아버지 집에 보내어 내 형제 다섯에게 증언하여 이 고통 받는 곳에 오지 않게 해달라고 했지만 이것도 거절되었다. 그곳에는 모세와 선지자들이 있으니 들을 것이라고 하자 부자는 죽은 자가 살아나 증거 하면 회개할 것이라고 말하지만 모세와 선지자 즉 복음을 전하는 자들에게 듣지 않으면 죽은 자가 살아나서 전해도 듣지 않을 것이라고 하였다.

사람들은 예수를 그리스도로 믿고 천국에 가든지 믿지 않고 지옥에 가든지 부자와 똑같은 말을 하게 된다. 그러나 죽은 자의 소원은 성취될 수 없다. 이 땅에서만 소원이 성취될 수 있는 것이지 지옥에서는 소원이 이루어지지 않는다. 하나님께, 예수께서 하나님의 아들이며 그리스도이신 것을 믿을 수 있도록 도와달라고 기도해보자. 하나님께서 은혜를 베풀어 예수를 그리스도로 믿게 되면 하나님 아버지의 자녀가 된 자격으로 천국에 갈 수 있게 될 것이다.

2. 소천송별예배

예수를 그리스도로 믿는 자들은 하나님 아버지의 자녀일 뿐만 아니라 왕 같은 제사장이고 예수님의 신부이다. 예수님의 신부이면서 왕이라는 말이다. 그러므로 천국에 입성할 때 황후이면서 왕이기 때문에 결혼식을 위해 황제의 옷을 입고 입성하게 된다. 황제의 옷을 바울은 전신갑주로 말하고 있고, 의의 면류관을 쓰고 입성하게 된다고 말하고 있다. 황제의 옷에 진리의 허리띠를 띠고, 의의 호심경을 붙이고, 평안의 복음의 신을 신고, 의의 면류관이 붙은 구원의 투구와 한 손에는 믿음의 방패와 다른 한 손에는 성령의 검 곧 하나님의 말씀을 손에 들고, 기도하는 손을 온 몸에 붙여 보여 줌으로 유족들이 천국에 입성하시는 분의 신앙을 유산으로 가질 수 있게 하는 것이 소천송별예배 설교의 내용이 되어야 한다. 이렇게 황제의 옷을 입고 천국에 입성하시는 모습을 보면서 온 가족들은 천국에 입성하시는 분의 신앙을 본받아 살기로 다짐하고, 전도의 사명을 감당할 수 있도록 해야 한다.

소천송별예배 시간에는 유족들 중에 예수를 그리스도로 믿지 않고 있는 자들로 믿음을 가지고 하나님의 자녀로 살도록 하는 시간이다. 그러므로 온 가족이 믿음으로 회복 될 수 있는 가장 좋은 기회라는 사실을 인식하고 가족들이 전신갑주에 신앙의 유산으로 가지고 싶은 것을 붙여 들이면서 헌신하게 하여 회개와 신앙성장을 위한 시간이 될 수 있도록 해야 한다.

천국에 입성하시기 전에 가족들에게 탕자의 비유에서 나오는 것과 같이 모두가 신앙생활하기를 얼마나 원하고 있었는지를 말해 줌으로 유언을 따를 수 있도록 해야 한다. 이 예배시간이 지나고 나면 이 땅에서 다시 볼 수 없다는 것을 인식하게 하면서도 천국에 입성하신다는 것도 강조되어야 한다. 소천송별예식은 슬픔이 아니다. 하나님 아버지의 영광을 누리면서 왕 같은 제사장으로 산다는 것이 무엇인지를 찾을 수 있게 만들어 열국의 아버지와 어머니답게 말하고 행동하면서 살 수 있도록 해야 한다. 유족들이 슬픔에 잠기지 않도록 고인이 황후로 살기 위해서 예수님과 결혼하기 위해 천국에 입성한다는 사실을 인식할 수 있게 해야 한다.

1) 그리스도 예수의 날(빌립보서 1:6-8)

> "너희 안에서 착한 일을 시작하신 이가 그리스도 예수의 날까지 이루실 줄을 우리는 확신하노라 내가 너희 무리를 위하여 이와 같이 생각하는 것이 마땅하니 이는 너희가 내 마음에 있음이며 나의 매임과 복음을 변명함과 확정함에 너희가 다 나와 함께 은혜에 참여한 자가 됨이라 내가 예수 그리스도의 심장으로 너희 무리를 얼마나 사모하는지 하나님이 내 증인이시니라"
>
> (빌 1:6-8).

바울과 빌립보 교회 성도들은 특별한 사이였다. 이들은 같은 마음을 가지고 있었는데, 그 마음은 예수 그리스도의 마음이다. 바울이 로마 감옥에 수감되어 있다는 것을 빌립보 교회 성도들이 듣고 바울을 돕기 위해 몇 가지 일을 했다.

첫째는 에바브로디도를 바울에게 보내어 돕게 했고,

둘째는 헌금을 모아 바울에게 보내어 주었고,

셋째는 바울을 기쁘게 하기 위해 겁 없이 복음을 전했다. 바울도 빌립보 교회를 생각할 때마다 나의 하나님께 감사하며 기쁨으로 간구하는 이유가 첫날부터 이제까지 복음을 위한 일에 참여했기 때문이다. 이렇게 아름다운 신앙이 그리스도 예수의 날까지 지속될 것을 확신한다고 바울은 말씀하고 있다.

바울은 빌립보 교회가 이렇게 아름다운 신앙으로 지속되길 원하는 것은 그들이 바울의 마음 안에 있기 때문이라고 말하고 있다. 빌립보 교회는 바울이 수감되었을 때나 복음을 변명할 때나 확정할 때나 항상 함께 했었다. 그래서 예수 그리스도의 마음으로 바울이 빌립보 교회를 사모하는데, 이에 대하여 하나님이 자신의 증인이라고 말씀하고 있다. 이렇게 바울과 빌립보 교회는 예수 그리스도의 마음으로 하나가 되어 복음을 전하는 일에 전념했다.

바울과 빌립보 교회의 이러한 마음은 우리 가족 안에 있는 마음이다. 특별히 가족 중에 어떤 사람이 하나님 아버지의 부름으로 천국에 갈 때 부름 받은 사람이나 남아 있는 유족들이 큰 안타까움을 가지고 서로를 안쓰러워하고 위로하면서 서로를 아끼는 것을 보게 된다. 고인이 떠나고 난 후에도 남아 있는 가족들끼리 사랑의 띠로 하나가 되는 것을 보게 된다.

하나님 아버지께 부름 받는 사람이 가장 원하는 것은 가족이 구원 받는 것이기 때문에, 유족들은 하나님 앞에서 믿음으로 살아야 한다. 바울은 믿음으로 산다는 것을 복음을 위해 참여하는 것이라고 말하고 있다.

바울은 이를 더 구체적으로 지적해 주었다.

첫째는 복음을 전하다가 수감되었을 때 함께 어려움에 참여하는 것이고,

둘째는 유대인들 앞에서 복음을 변명할 때도 함께 변명에 참여

하였고,

셋째는 예수께서 그리스도라는 복음을 확정하는 일에도 함께 참여하여 성도들로 굳건한 신앙을 가지게 만드는 일에 참여하는 것이다.

이처럼 바울이 옥중에서 유언처럼 빌립보 교회에게 말씀하고 있기 때문에 우리는 바울의 말씀을 기억하면서 복음을 위해 살아야 한다. 우리는 빌립보 교회처럼 바울의 말씀을 듣기도 해야 하지만 바울과 같이 유언으로 남겨야 할 말이 되기도 해야 한다. 바울이 다메섹 도상에서 부활하신 예수 그리스도를 만난 후부터 복음을 전한 것처럼 우리의 업이 되어야 하기도 하지만 성도들은 자신의 달란트와 직업을 통하여 사람들이 우리 안에 있는 하나님 아버지의 사랑을 보여주는 것이 되어야 한다. 이것이 고인과 송별하는 우리의 자세이다.

사람들은 하나님 아버지의 자녀들에게서 하나님 아버지의 모습을 보길 원한다. 실제적인 삶에서 하나님 아버지의 사랑을 보여 주는 것이다. 이러한 삶을 통하여 사람들은 구원의 빛을 볼 수 있게 될 것이고, 그렇게 기다리던 구원의 길에 들어서게 될 것이다. 얼마나 많은 영혼들이 구원에 이르길 원하고 있는지를 기억하면서 우리의 삶으로 하나님 아버지의 구원을 보여 주는 것이 고인과 송별하면서 다짐해야 할 우리의 자세다.

2) 골육 친척을 위하여(로마서 9:1-3)

> 내가 그리스도 안에서 참말을 하고 거짓말을 아니하노라 나에게 큰 근심이 있는 것과 마음에 그치지 않는 고통이 있는 것을 내 양심이 성령 안에서 나와 더불어 증언하노니 나의 형제 곧 골육의 친척을 위하여 내 자신이 저주를 받아 그리스도에게서 끊어질지라도 원하는 바로라(롬 9:1-3).

사회가 변해 가기는 해도 그래도 사람들은 골육 친척을 위하여 무엇이든지 해보려고 한다. 전에는 누나가 공장에서 일하여 동생들을 학교 보내는 일을 쉽게 볼 수 있었다. 지금도 많은 외국인들이 한국에 와서 돈을 벌어 가정을 세우고자 극한 어려움 속에서 일하고 있는 것을 보게 된다. 어려운 환경 속에서 가족을 돌보는 사람도 있지만 성공한 사람이 가족을 돌봐 어려움에서 건져 내는 모습을 쉽게 찾아 볼 수 있다.

요셉은 형들의 시기로 애굽에 노예로 팔여 가서 종으로 살게 되었지만 왕의 꿈을 해석해 줌으로 애굽의 총리가 되었다. 그의 꿈 해석처럼 7년 동안 풍년이 있은 후 7년은 심한 가뭄으로 애굽뿐만 아니라 가나안에 거주하는 사람들까지 생명의 위협을 받게 되었다. 풍년 때 요셉의 지도 아래 창고를 짓고 곡식을 모아 놓았기 때문에 흉년을 잘 견딜 수 있었다. 극한 가뭄 때 애굽에 양식이 있다는 소식을 듣고 곡식을 사러온 형제들에게 요셉은 원수를 갚는 것이 아니라 "당신들이 나를 이 곳에 팔았다고 근심하지 마소서 한탄하지 마소서 하나님이 생명을 구원하시려고 나를 당신들보다 먼저 보내셨나이다"(창 45:5)라고 했다. 그의 아버지 야곱이 죽자 다시 두려워하는 형들에게 "두려워하지 마소서 내가 하나님을 대신하리이까 당신들은 나를 해하려 하였으나 하나님은 그것을 선으로 바꾸사 오늘과 같이 많은 백성의 생명을 구원하게 하시려 하셨나니 당신들은 두려워하지 마소서 내가 당신들과 당신들의 자녀를 기르리이다 하고 그들을 간곡한 말로 위로"(창 50:19-21)하였다.

오늘 본문에 나오는 사도 바울은 전통적인 유대교에 따라 바리새인으로 살았지만 부활하신 예수를 그리스도로 믿음으로 하나님의 자녀가 되었다는 사실을 알게 된 후 이 기쁜 소식을 가족들에게 전하기 위해 나의 형제 곧 골육의 친척을 위하여 내 자신이 저주를 받아 그리스도에게서 끊어질지라도 원하는 바로라고 하였다.

이처럼 좋은 것이 있으면 가족들과 함께 나누고 싶고, 극한 어려움에서 가족들을 건져내기 원하는 것이 대부분의 사람의 마음이다. 오늘 세상을 떠나게 된 형제도 누구보다 어려운 가정을 구하기 위해 힘쓰던 자다. 가족들이 겪고 있는 경제적 어려움을 해결해 보려고 서울에 올라와서 많은 일들을 하면서 몸부림쳐 봤지만 결국 삶이 점점 더 어려워지자 이렇게 생을 마치게 되었는데 이제 남은 가족들이 할아버지 때 누렸던 영광을 다시 찾아 고인의 소원이 이루어지도록 해야 할 것이다.

요셉이 고백한 것과 같이 하나님께서 이루어주신다는 것을 기억하고, 모두 하나님 아버지께 구하기 위해 먼저 예수를 그리스도로 믿어야 한다. 당신이 다시 10분간 살아나서 우리에게 유언을 한다면 두 가지 이야기를 할 것이다.

첫째, 사람의 노력으로 사는 것이 아니라 하나님 아버지의 돌보심으로 살아야 하니, 먼저 예수를 그리스도로 믿고 하나님의 자녀가 되라고 할 것이다.

둘째, 우리 가정을 기독교 명문 가정을 만들어 대대로 영광을 누릴 수 있도록 만들어 달라고 할 것이다. 자신은 이를 알지 못하여 스스로 살아보려고 했지만 이는 어리석은 일이었다고 할 것이다.

지금 우리는 고인을 보내면서 슬픔도 크지만 우리가 예수를 그리스도로 믿고 하나님의 자녀로 가정을 일으켜 세운다면 고인의 소원도 이루고, 슬픔을 이기고 기쁨을 누리게 될 것이다.

3) 본향으로 돌아가는 자(히브리서 11:13-16)

"이 사람들은 다 믿음을 따라 죽었으며 약속을 받지 못하였으되 그것들을 멀리서 보고 환영하며 또 땅에서는 외국인과 나그네임을 증언하였으니 그들이 이같이 말하는 것은 자기들이 본향 찾는 자임을 나타냄이라 그들이 나온 바 본향을 생각하였더라면 돌아갈 기회가 있었으려니와 그들이 이제는 더 나은 본향을 사모하니 곧 하늘에 있는 것이라 이러므로 하나님이 그들의 하나님이라 일컬음 받으심을 부끄러워하지 아니하시고 그들을 위하여 한 성을 예비하셨느니라"(히 11:13-16).

13절 말씀에서 "이 사람들은 다 믿음을 따라 죽었으며 약속을 받지 못하였으되"라고 말씀하고 있는데, 이 사람들이란 아브라함을 중심으로 이삭과 야곱을 포함한 족장들을 가리키고, 그들은 믿음에 의하여 살다가 믿음으로 죽었다는 뜻이다. 믿음으로 산다는 것은 하나님 아버지의 약속이 하나씩 자신의 삶에서 실제로 이루어지는 것을 세상에 보여주면서 산다는 것이다. 아직 이루어지지 않은 것도 멀리서 바라보면서 환영했다는 것이다.

요한복음 8장 56절에서 예수님은 "너희 조상 아브라함은 나의 때 볼 것을 즐거워하다가 보고 기뻐하였느니라"고 말씀하셨다. 믿음으로 산다는 것은 지금 누리는 하나님의 역사보다 천국에서 하나님 아버지와 함께 누릴 영화로운 것이 있다고 확신하면서 그 영화로운 것을 지금 누리고 산다는 것이다.

바울은 "우리의 시민권은 하늘에 있는지라"(빌 3:20)고 고백하면서 천국의 삶을 살고 있었다. 이렇게 믿음의 사람들은 이 세상에 매이지 않고 천국을 바라보면서 본향을 바라보면서 그곳으로 돌아가기 위한 삶을 사는 것을 보게 된다.

　이런 삶을 살도록 하기 위해 최경순 권사님으로 전도 받아 예수를 그리스도로 믿게 하여 하나님의 딸로 삼아 주시고, 바울이 말한 천국의 시민권을 가진 정도가 아니라 하나님 아버지의 딸로 살면서 성령의 인도를 받으면서 살았다. 우리는 최경순 권사님이 성령의 인도 따라 사신 것에 대한 증인들이다.

　늘 기도로 살았고, 전도할 대상이 주어지면 금식기도까지 하면서 전도의 열매를 맺는 것을 보았다. 다른 사람을 도우면서도 그들의 마음이 상하지 않게 하기 위해 많은 노력을 하는 것을 보았다. 저녁을 먹지 못하는 사람들에게 쌀을 주고 밥을 주기도 하지만, 받아먹는 사람의 마음을 헤아리기 위해 팥죽은 별미니 먹어보라고 하기 위해 가마솥에 한 솥을 쑤어 사람들이 보지 않게 뒷담 너머로 주든가, 먼 집은 덜 미안하게 어린 자녀들에게 들려 보내는 모습을 보았다. 그러한 섬김 속에 나타나 있는 성령의 역사를 본다. 이렇게 주님께서 주신 사명을 다하자 이제 그만 천국에 와서 내 영광을 누리면서 살자고 하나님 아버지께서 부르시자, 영혼은 바로 천국으로 가셨고 몸은 그동안 살던 곳을 떠나 흙으로 돌아갔다가 주님께서 재림하실 때 천국에 입성하실 것이다. 이 영화로운 하나님 아버지의 초청을 받아 천국에 입성하시기 위해 우리 곁을 떠나시는 최경순 권사님의 천국환송식에 우리 모두는 참여하여 축하드리면서 하나님 아버지의 기쁨을 누리고 있다.

오늘 나는 말씀을 나누면서 하나님 아버지께서 그의 딸인 최경순 권사님을 천국으로 데려가시는 것을 마치 TV 중계하는 앵커가 된 기분이다. 그동안 많은 예배를 인도했고, 천국환송예배를 인도해보았지만 천국에 가신다는 것을 이보다 더 실감한 때가 없었던 것 같다. 내가 기쁨을 감추지 못하고 이렇게 최경순 권사님을 환송하는 것은 최 권사님이 가신 천국에 저와 함께 여러분들도 갈 것이기 때문이다. 비록 장례식장이지만 오늘 내가 하고 싶은 것이 있다.

"최 권사님, 저희들도 권사님의 신앙을 본받아 주님께서 주신 사명 잘 감당하다가, 권사님이 가신 천국에 가겠습니다. 천국에서도 저희를 위해 기도해 주세요. 하나님 아버지께 영광의 박수를 돌리겠습니다."

4) 주 안에서 죽은 자(요한계시록 14:13)

"또 내가 들으니 하늘에서 음성이 나서 이르되 기록하라 지금 이후로 주 안에서 죽는 자들은 복이 있도다 하시매 성령이 이르시되 그러하다 그들이 수고를 그치고 쉬리니 이는 그들의 행한 일이 따름이라 하시더라"(계 14:13).

성경에 천국이 있다는 사실에 대하여 가장 확실하게 증거하고 있는 성경 중에 하나가 요한계시록 14장 1절에서 5절 내용이다. 이 말씀은 천상에 있는 교회의 성가대에 대하여 말씀하고 있는데, 성가대는 이스라엘의 열두 지파 중에서 선택된 144,4000명이 예수 그리스도와 함께 서서 이마에 예수 그리스도의 이름과 하나님 아버지의 이름을 쓰고, 거문고 타는 소리로 하나님 아버지의 보좌를 향하여 찬양하고 있는 모습을 기록하고 있다.

이 영광스러운 모습을 보여주고 예수를 그리스도로 믿어 하나님 아버지의 자녀가 된 자들이 천국에 들어간다는 복음을 전하여 최경순 권사님처럼 천국에 들어갈 수 있도록 하라는 것이다. 경고의 메시지도 함께 전하고 있는데, 예수를 그리스도로 믿지 않는 자들에게 미칠 심판까지 말씀하신 후 '주 안에서 죽는 자들은 복이 있도다'라고 천사가 말하자 성령께서도 '그러하다 그들이 수고를 그치고 쉬리니 이는 그들의 행한 일이 따름이라'고 하셨다.

왜 복이 되는지에 대하여 살펴보겠다.

첫째는 하나님 아버지를 대면하면서 영광 가운데 영원토록 살 수 있기 때문이다. 믿음으로 하나님 아버지를 대면하는 것이 아니라 실제로 얼굴과 얼굴을 대면하면서 살 수 있기 때문에 복인 것이다.

둘째는 이 세상의 수고를 끝내고 하나님 아버지의 영광을 누리면서 쉴 수 있기 때문이다. 그동안 세상에 살면서 예수를 그리스도로 믿는 다는 것 때문에 많은 어려움을 겪었다. 자신의 실수도 있었지만 대부분은 하나님의 자녀이기 때문에 자녀답게 살면서 자신을 통하여 하나님의 구원이 세상에 나타나도록 하기 위해 매일 자신의 즐거움과 욕망이 아니라 하나님 아버지의 영광을 위해 십자가를 지고 사는 삶이기 때문에 어려움을 당했다.

셋째는 우리에게 하나님 아버지께서 면류관을 상으로 주시기 때문에 복이 있다.

천국에 가는 것은 회사로부터 승진 소식을 듣고 출근하는 것과는 다르다. 하나님의 자녀로 신분이 완전히 바뀌어 들어가게 되는 것이고, 하나님 아버지의 영광을 자녀로서 누리기 위해 들어가는 것이고, 주님께서 각자를 위해 천국에 만들어 준 집으로 들어가는 것이기 때문에 천국에 들어가는 것은 복이 되는 것이다.

우리는 최경순 권사님이 죽은 것이 아니라 부활을 기다리면서 무덤에서 잠자고 있다가 주님께서 재림하실 때까지 부활의 온전한 몸으로 천국에 들어가실 것을 알고 있다. 그렇기 때문에 이렇게 기쁨으로 천국환송예배를 드리는 것이다. 이미 최경순 권사님의 영혼은 천국에 가 계시지만, 몸은 이 예배를 드린 후 천국입성을 위해 출발하시는 것이기 때문에 우리는 기쁨으로 천국환송예배를 드리는 것이다.

혹시 이 자리에 아직도 예수를 그리스도로 믿지 않고 있는 분이 계시다면 여러분들도 최경순 권사님처럼 예수를 그리스도로 믿고 하나님의 자녀가 되어 권사님이 가신 천국에 들어가실 수 있기를 축원한다. 이보다 더 큰 복이 없다. 우리가 천국에 갈 때도 누군가 이렇게 환송해 주실 수 있길 기원한다. 아멘

5) 넉넉히 이긴 자(로마서 8:35-37)

> "누가 우리를 그리스도의 사랑에서 끊으리요. 환난이나 곤고나 박해나 기근이나 적신이나 위험이나 칼이랴 기록된 바 우리를 종일 주를 위하여 죽임을 당하게 되며 도살 당할 양 같이 여김을 받았나이다 함과 같으니라. 그러나 이 모든 일에 우리를 사랑하시는 이로 말미암아 우리가 넉넉히 이기느니라"(롬 8:35-37).

세상은 힘이 있어야 이기는 것으로 생각한다. 그러나 힘으로 세상을 이기는 것이 아니라, 섬김으로 이기는 것임을 우리 주 예수 그리스도께서 보여 주셨다. 나폴레옹은 칼로 세상을 제패하려고 했지만, 예수님은 섬기는 사랑으로 세상을 이기셨다.

이 원리는 요즘 들어 더 확실하게 적용되고 있는 것을 보게 된다. 정치인이 되기 위해서도 국민을 누가 더 잘 섬겼고 잘 섬길 수 있는가가 표의 향배를 가르게 된다. 물건을 만들 때도 사용자가 적당한 가격을 주고, 생활 속에서 잘 사용할 수 있도록 요긴하게 만들어 주면 잘 팔 수 있다. 그러나 속임수는 얼마 가지 못하고 들어나게 된다. 음식점도 마찬가지로 고객에게 맛있는 음식을 만들어

잘 드시게 하면 그 가게는 대박 나는 것이다. 어떤 것도 섬김 없이 사랑 받을 수 없고, 성공할 수 없다.

그러나 사람들은 종종 착각에 빠지는 것이 있다. 환난이나 곤고나 박해나 기근이나 적신이나 위험이나 칼을 사용하면 이길 것으로 생각하지만 절대 그렇지 않다. 세상에 가장 위대한 무기가 있다면 그것은 섬길 줄 아는 것이다. 섬기는 자가 승리하게 되어 있다.

오늘 이렇게 천국환송예배를 드리는 최경순 권사님은 일생을 사시면서 누구와 다투거나 원망들을 만한 일을 하시는 것을 보지 못했다. 열 남매를 낳아서 키우시고, 한 때는 시어머님과 친정어머님을 함께 모시고 사시기도 했지만, 집 안에서 큰 소리 한번 없이 지내시는 것을 보았다. 예수를 그리스도로 믿기 전에도 다른 사람들을 잘 섬기셨지만 신앙생활을 하면서는 더 놀랍게 달라진 모습을 보여 주셨다.

형제들에게 논밭을 주기도 하고, 바다에서 고기를 잡을 수 있도록 배를 사주기도 하면서 일가친척을 돌보는 것뿐만 아니라 이웃들에게도 먹을 것을 나누면서 돌보았다. 또한 이를 뛰어 넘어 그들로 예수를 그리스도로 믿고 구원받아 하나님의 자녀로 살도록 하기 위해 금식기도를 하기도 하고 그들의 신앙성장을 위해 새벽이면 그들을 깨워 새벽예배를 참석하게 만들어 기도의 간증이 있게 만들어 주었다.

이렇게 일생을 섬기면서 사셨기 때문에 모두가 그를 존경하며 그의 신앙생활을 본받기 원하는 것을 보게 된다. 환난이나 박해 정도가 아니라 죽음을 이기시고 개선장군이 되어 천국에 입성하여 하나님 아버지께 잘 했다고 칭찬을 들으실 뿐만 아니라 생명의 면류관과 의의 면류관을 받으실 것을 생각하면서 우리는 기쁨으로 환송을 하게 된다. 우리는 눈물이 아니라 상 받으실 것을 생각하니 박수를 보내지 않을 수 없다. 이제 수고를 끝내고 하나님 아버지와 대면하면서 영광을 누리실 것을 생각하니 박수를 보내지 않을 수 없다. 우리도 권사님이 가신 천국에 가서 기쁨을 나누면서 살 것을 생각하니 하나님 아버지께 영광의 박수를 보내지 않을 수 없다. 우리의 천국환송예배도 이런 축제가 되었으면 좋겠다.

6) 당신은 하나님의 사람(딤전 6:11-12)
(김원정 권사 소천송별예배)

칠십 평생을 하나님의 딸로 믿음의 본을 보여 주시던 김 권사님은 네 명의 자녀들과 남편을 남겨 두고 어제 하나님의 부름을 받으셨다. 이제 사랑하는 가족들과 교인들 앞에서 권사님의 육신을 입관하기 전에 소천송별예배를 드리고자 한다.

하나님 아버지께서는 그의 딸인 김 권사님을 천국으로 불러 영원토록 얼굴을 대면하면서 그의 영광 가운데서 살도록 하시기 위해 부르셨다. 김 권사님은 운명하시면서 영혼은 이미 낙원으로 가셨지만 육신은 입관되고, 우리와 천국에서 만날 것을 기약하면서 송별하기 때문에 우리는 하나님 아버지께 감사드리면서 소천송별예배를 드릴 수 있게 되었다.

사랑하는 권사님은 일제시대와 6. 25 전쟁을 거치면서 모진 고생을 믿음으로 몸소 다 이겨내시면서 예수를 그리스도로 믿고 하나님의 자녀로 산다는 것이 무엇인가를 우리에게 보여 주셨다. 가장 아름다운 모습은 개척교회에서 새벽기도를 통해 한 평생을 하나님의 자녀로 하나님 아버지의 뜻을 이루면서 믿음으로 산다는 것이 무엇을 말하는가를 보여 주셨다. 이런 어머님의 살아있는 믿음생활을 네 명의 자녀들도 본받아 신실한 복음전도자로 주님의 지상명령을 감당하면서 살고 있다. 그리고 두 손을 꼭 잡고 교회로 오시던 권사님과 장로님의 모습은 믿음으로 사는 가정의 모습을 우리에게 보여 주었다. 이처럼 믿음으로 산다는 것은 무엇보다 가정에서 아름다운 열매가 있어야 하는데, 이를 우리에게 아주 잘 보여준 믿음의 어머님이셨던 것을 기억하면서 권사님의 믿음생활을 본받고자 한다. 우리도 권사님처럼 새벽이면 부부가 손을 잡고 성전에 올라와 함께 기도하자. 이런 우리의 모습을 하나님 아버지께서 보시면서 기쁨을 감추지 못하시고 성령으로 역사하고 계신 것을 보아 알 수 있도록 축복해 주실 것이다. 이 기쁨을 감출 수 없다. 하나님 아버지께서 이미 천국에 가 계신 권사님에게 "저기 소천송별예배를 드리면서 헌신하는 것을 보라 저 것이 네 믿음의 발자취란다. 앞으로 저들이 너처럼 새벽이면 함께 손을 잡고 성전에 올라가 가정과 교회와 나라와 민족을 위해 기도하고, 그 기도가 응답되는 것을 보면서 즐거워할 모습을 보느냐"고 물으시면서 하나님 아버지와 권사님이 기쁨을 나누는 것이 상상이 되는가?

이는 지금 천상에서 벌어지고 있는 현실이다.

권사님의 믿음은 가정뿐만 아니라 교회 안에서도 믿음의 본이 되었다. 매년 성찬에 사용할 포도주를 담그시고, 아이들이 좋아서 유년부 교사를 하시면서 애들과 같은 모습으로 섬기시던 권사님 이제는 더 이상을 그 모습을 볼 수 없기에 더욱 더 그립다. 하지만 이제 여기에 계신 분들 중에 작은 권사님이 되어 어떤 분은 포도주를 담그면서, 어떤 분은 유년부 교사를 하면서 권사님의 신앙을 본받게 될 것이다.

제가 기억하는 권사님은 무엇보다 친척들의 구원을 위해 많은 눈물을 흘리셨던 믿음의 어머님이셨다. 나사로와 부자의 비유에 나오는 부자처럼 아직 세상에 남아 있는 형제들이라도 이 고통 받는 곳에 오지 않도록 해달라고 아브라함에게 애원한 것처럼 하지 않고, 기도가 응답될 수 있도록 살아계셨을 때 기도하셨다. 우리도 권사님처럼 기도한다.

3. 천국환송예배

1) 새 하늘과 새 땅(요한계시록 21:1-2)

"또 내가 새 하늘과 새 땅을 보니 처음 하늘과 처음 땅이 없어졌고 바다도 다시 있지 않더라. 또 내가 보매 거룩한 성 새 예루살렘이 하나님께로부터 하늘에서 내려오니 그 준비한 것이 신부가 남편을 위하여 단장한 것 같더라"(계 21:1-2).

오늘 우리는 하나님의 부름에 따라 이 세상과 작별하고 천국에 입성하시기 위해 떠나시는 최경순 권사님을 환송하기 위해 이곳에 모였다. 권사님의 영혼은 그제 하나님 아버지의 부르심에 따라 이미 천국에 가셨고, 그 몸은 오늘 이곳을 떠나 무덤에 계시다가 주님께서 재림하실 때 부활하여 이미 천국에 먼저 가 있는 영혼과 다시 만나 온전한 부활의 몸으로 하나님 아버지의 보좌 앞에 서게 될 것이다.

오늘 이렇게 최경순 권사님이 천국에 가시는 것은 그동안 착한 일을 많이 해서 가시는 것도 아니고, 사회적으로 큰일을 했기 때문에 가시는 것도 아니다. 권사님이 천국에 가시는 이유는 성경대로 하나님의 아들이신 예수께서 자신의 죄를 위해 십자가에서 죽으시고 장사되었다가 부활하심으로 그리스도 즉 구세주가 되셨다는 것을 믿었기 때문에 하나님의 딸이 되었다. 권사님은 하나님의 딸일 뿐만 아니라 왕 같은 제사장 역할을 할 수 있도록 예수께서 신부로 삼아주시면서 천국의 한 고을을 다스리게 되었다.

모르는 사람이 우리 집에 찾아오면 어떻게 오셨느냐고 묻고 업무가 끝나면 가게 된다. 그러나 우리 아이들은 그렇지 않다. 그냥 문을 열고 들어오게 된다. 이웃집 사람이 군인 아저씨 왜 목사님 집에 들어가려고 하느냐고 물으면 군인 아저씨가 무엇이라고 하겠는가?

"목사님이 우리 아버지시고, 제가 군대 간 아들입니다."

그러면 "네가 선열이냐?"

"예, 안녕하세요."

"그러고 보니 목사님을 많이 닮았구나."

이제 군인 아저씨가 문을 열고 들어가도 이웃 집 아저씨는 아무 말도 안 한다. 왜냐하면 그의 아버지 집이기 때문이다. 천국도 마찬가지다. 우리가 천국 문 앞에 서면 천사들이 알아보고 "하나님 최경순 딸 왔어요" "그래, 어서 문을 열어라"하시며 버선발이 아니라—천국은 시공에 지배를 받지 않고 있기 때문에—바로 아버지 하나님의 보좌 앞으로 인도해 가신다.

예수를 그리스도로 믿어 하나님의 딸이 된 최경순 권사님을 하나님께서는 일찍이 천국으로 데려가고 싶으셨을 것이다. 하지만 그를 통하여 다른 사람들을 구원받게 하여 아들딸로 삼으시기 위해, 수고스럽지만 그 가운데서도 영광을 받으시기 위해 세상에서 팔십 평생을 사시게 하셨다. 이제 그 사명을 다하자 하나님께서는 천국으로 오라고 부르신 것이다.

요한계시록 21장에서는 천국을 새 하늘과 새 땅이라고 표현하고 있다. 새 하늘과 새 땅에는 하나님 아버지의 영광을 누리면서 살 수 있기 때문에 슬픔의 눈물이 없고, 아픈 것이나 고통이 없고, 기쁨만 가득하다고 말씀하고 있다. 이렇게 기쁘게 살 수 있는 것은 이제야 내 아버지가 계신 곳, 내 집이 있는 곳에 왔기 때문이다. 여기 모인 모두는 최경순 권사님처럼 예수를 그리스도로 믿어 하나님의 자녀가 되자. 그리고 하나님 아버지께서 천국으로 오라고 부르실 때 권사님처럼 천국환송예배를 드리면서 아름다운 천국의 삶을 세상에 보여 주자.

2) 위로의 하나님(고린도후서 1:3-4)

> "찬송하리로다 그는 우리 주 예수 그리스도의 하나님이시요 자비의 아버지시요 모든 위로의 하나님이시며 우리의 모든 환난 중에서 우리를 위로하사 우리로 하여금 하나님께 받는 위로로써 모든 환난 중에 있는 자들을 능히 위로하게 하시는 이시로다"(고후 1:3-4).

우리 하나님 아버지는 모든 상황 속에서 위로하시기에 능하신 분이라고 바울은 말하고 있다. 사람들은 환난을 당하는 자에게 위로의 말을 건네는 정도지만 하나님 아버지께서는 말로 위로할 뿐만 아니라 문제를 완벽하게 해결해 주시기에 능하신 분이다. 우리의 말을 통하여 하나님 아버지께서는 환난 당한 자를 위로해 주시면서 동시에 성령의 역사를 통하여 완벽하게 문제를 해결해 주시는 것을 보게 된다.

사실 우리는 오늘 김동삼 성도님을 보내면서 통곡하면서 슬퍼할 수밖에 없는 상황이다. 그러나 우리들은 통곡하면서 슬퍼하지 않고 평강을 누리면서 성경 말씀 안에서 하나님 아버지께 찬송과 영광을 돌리고 있다. 왜 우리가 이렇게 달라졌는가?

김동삼 성도님은 하나님의 아들 예수를 그리스도로 믿었기 때문에 하나님의 자녀가 되어 천국에 있는 자기 집에서 하나님 아버지의 영광을 누리기 위해 천국에 들어가는 날이기 때문이다. 이렇게 하나님 아버지께서는 우리를 위로해 주시기 위해 김동삼 성도님을 천국으로 불러 가셨을 뿐만 아니라 우리로 천국에 대한 소망을 확실히 가지게 만드시기 때문에 큰 위로를 받는 것이다.

이처럼 하나님 아버지께서는 죽은 자 앞에서도 위로를 누릴 수 있게 만들어 주시고 계신다. 우리가 가장 두려워하고 있는 죽음 앞에서도 이렇게 평강을 누릴 수 있고, 위로를 받게 만들어 주고 계신다. 김동삼 성도님은 인생 끝자락에서 예수를 그리스도로 믿고 잠시 동안 신앙생활을 했지만 하나님 아버지는 그를 아들로 삼으시고 이제 천국에서 영원토록 안식을 누릴 수 있도록 부르신 것이다. 그 부름으로 그제 영혼이 먼저 천국에 가셨고, 육신은 그동안 살던 곳을 떠나 무덤에서 잠시 자다가 주님께서 재림하실 때 부활의 온전한 몸으로 하나님 아버지 앞에 서게 될 것이다.

하나님 아버지께서는 우리를 이렇게 위로하시기 때문에 우리는 발인예배를 드리는 것이 아니라 천국환송예배를 드리고 있는 것이다. 김동삼 성도님은 죽음의 문을 통과한 것이 아니다. 왜냐하면 그 죽음의 문 뒤에서 하나님 아버지께서 김동삼 성도님을 마중하여 천국으로 인도하시기 위해 기다리시고 계시기 때문에, 그 문은 하나님 아버지께서 보실 때는 죽음의 문이 아니라 천국에 들어오는 천국 문인 것이다. 문은 하나인데, 사람 쪽에서 볼 때는 죽음의 문이고, 하나님 쪽에서 볼 때는 천국 문이다. 반대로 마귀가 죽음의 문 뒤에서 기다리고 있다면 그 문은 죽음의 문이 아니라 지옥 문이다.

김동삼 성도님의 천국환송예배에 참여하신 여러분들이여, 여러분들의 죽음도 지옥 문이 아니라 천국 문이 되기를 바란다. 천국에 들어 갈 수 있는 방법은 아주 쉽다. 김동삼 성도님처럼 지금이라도 예수를 그리스도로 믿으시면 하나님의 자녀가 되기 때문에 천국에 들어간다. 천국은 착한 일을 많이 했다고 가는 나라가 아니다. 예수를 그리스도 즉 구세주로 믿었기 때문에, 하나님 아버지의 자녀가 되기 때문에 가는 나라다.

3) 천국 시민권자(빌립보서 3:20-21)

"그러나 우리의 시민권은 하늘에 있는지라 거기로부터 구원하는 자 곧 주 예수 그리스도를 기다리노니 그는 만물을 자기에게 복종하게 하실 수 있는 자의 역사로 우리의 낮은 몸을 자기 영광의 몸의 형체와 같이 변하게 하시리라"(빌 3:20-21).

한국도 글로벌 사회로 변하면서 이중국적을 가지고 있는 사람들이 점점 늘어가는 것을 보게 된다. 바울은 빌립보서 3장에서 빌립보 교회 성도들에게 이중국적에 대하여 말씀하고 있는데, 이 세상 나라의 국적 하나와 천국의 시민권자로 천국의 국적을 가지고 있다고 말하고 있다. 사실 바울은 이 세상 나라에서도 로마 시민권과 다소의 시민권 그리고 유대인이라고 말함으로 삼중국적을 가지고 있었다. 바울은 로마와 다소 시민권을 어떻게 취득했는지에 대하여는 자세히 말하고 있지 않지만 유대인이라는 사실에 대하여 아주 자세하게 설명할 뿐만 아니라 천국의 시민권을 가지게 되었는지에 대하여 말씀하고 있다.

바울은 유대인으로 태어난 정도가 아니라 유대인답게 살기 위해 팔일 만에 할례를 받았고, 타국에 살면서도 히브리어를 잊어버리지 않았고, 율법대로 살기 위해 바리새인이 되었다고 한다. 예수를 그리스도로 믿음으로 하나님의 자녀가 되어 천국 시민권을 얻고 보니 그동안 살아 온 것이 한 없이 돌아온 정도가 아니라 배설물과 같은 것이었다고 고백하였다. 그동안 바울은 율법을 잘 지키면서 착하게 살면 되는 것으로 생각했는데, 하나님 아버지의 뜻은 그것이 아니었다. 하나님께서 약속한 것처럼 메시아이신 하나님의 아들 예수를 세상에 보냈으니 예수를 그리스도로 믿고 주님께서 주신 사명 즉 탕자가 되어 있는 자들에게 하나님께서 너희 아버지시니 돌아오기 위해 예수를 그리스도로 믿으라고 전하는 것이 하나님 아버지의 뜻이다.

하나님 아버지의 부름에 따라 천국으로 출발하시는 최경순 권사님을 기쁨으로 환송하는 이유가 바울처럼 예수를 그리스도로 믿기 전에는 자녀들을 키우면서 이웃과 좋은 관계를 만들기 위해 사셨다. 한 때는 시어머님과 친정어머님을 함께 모시면서도 큰 갈등이 없게 하셨고, 일가친척과도 큰 갈등 없었고, 더욱 자녀들을 믿음 안에서 키우기 위해 믿음의 본을 보이셨다. 이제 그의 사명을 마치고 하나님 아버지의 부름에 따라 천국에 안식을 누리기 위해 가시는 길이기 때문에 환송하는 것이다.

온 가족과 함께 이렇게 천국에 가시는 것을 환송하는 것은 최경순 권사님이 하나님 아버지를 기쁨으로 대하기 위해 믿음으로 아름답게 사셨기 때문이다. 주님께서 바울에게 주시기 위해 의의 면류관을 준비하신 것처럼 전도하시면서 사셨던 권사님에게도 의의 면류관이 예비 되어 그것을 받기 위해 천국에 입성하시기 때문에 우리는 기쁨으로 환송하는 것이다.

그뿐만 아니라 주님께서는 최 권사님이 우리에게 아름다운 믿음의 본을 보여 가족들과 교회에서 본받길 원하고 계실 것이다. 이는 천국에서 다시 만나 권사님의 신앙이 우리에게 큰 힘이 되었다고 고백할 것이기 때문이다. 총각 전도사님이 오셨을 때는 모든 식사를 준비하여 사택에 갔다 드리며 목회자를 섬기던 일, 성도들을 살피던 일, 전도 대상을 위해 금식기도하던 일 모두가 우리의 힘이기 때문에 기쁨으로 환송하면서 신앙의 대장부로 살길 다짐할 수 있기 때문이다.

4) 부활하여 노래하라(이사야 26:19)

> "주의 죽은 자들은 살아나고 그들의 시체들은 일어나리이다 티끌에 누운 자들아 너희는 깨어 노래하라 주의 이슬은 빛난 이슬이니 땅이 죽은 자들을 내놓으리로다"(사 26:19).

이사야 선지자는 다른 사람들과 다르게 앞으로 일어날 하나님의 역사에 대하여 많은 것들을 보면서 말씀을 전하고 있는 것을 보게 된다. 하나님께서 "내가 누구를 보내며 누가 우리를 위하여 갈

꼬"라고 말씀하시자 이사야는 "내가 여기 있나이다. 나를 보내소서"(사 6:8)라고 대답하면서 그 부름이 무엇을 의미하는지 알게 되었다. 이스라엘 사람들은 구원의 대상이고, 다른 나라 사람들은 심판의 대상이라고 생각하는 상황 속에서 모든 사람들이 구원 받아 하나님 아버지의 자녀로 살아야 한다고 하나님의 말씀을 전하는 것은 놀라운 일이었다.

이사야는 유대인에게도 하나님의 말씀을 전했지만 다른 나라 사람들에게 동일하게 하나님의 말씀을 전했다. 특히 20장에서 이사야는 애굽과 구스 사람들에게 하나님께로 돌아오라고 말씀을 전할 때는 상징적인 의미로 3년이나 벗은 몸과 벗은 발로 서서 하나님의 말씀을 전하는 간절함을 보여 주고 있다. 여러분들이 돌이키지 않으면 앗수르 왕에게 끌려갈 것인데, 그 때 젊은 자나 늙은 자나 알몸으로 부끄러움을 당하면서 끌려갈 것이니 회개하고 돌이키라고 하나님의 말씀을 전한 것이다. 이사야 선지자는 이스라엘 사람이나 다른 나라 사람이나 차별 없는 하나님의 자녀이기 때문에 모두가 구원의 대상으로 보고 하나님의 말씀을 전했다. 이스라엘 사람들은 하나님의 말씀이나 징계만 있어도 회개할 수 있지만 하나님의 말씀도 모르고, 하나님의 역사도 모르는 다른 나라 사람들에게는 그들이 이해할 수 있는 다른 방법이 필요했다. 이사야 선지자는 하나님의 지시에 따라 상징적 의미로 벗은 몸과 벗은 발로 서서 하나님의 말씀을 전한 것이다. 구스와 애굽 사람들을 하나님께서 얼마나 사랑하고 있는지를 이사야는 온 몸으로 보여 주는 모습이다.

　이사야는 이렇게 하나님의 사랑을 표현하면서 하나님 아버지의 마음이 무엇인지 조금이나마 이해하면서 하나님을 향하여 우리 모두의 아버지시라고 부르는 것을 볼 수 있다(사 64:8). 이렇게 간절한 마음으로 하나님의 말씀을 전하면서 이사야는 모든 사람에게 가장 강력한 힘이 될 수 있는 것이 부활이라는 사실을 알고 부활에 대한 말씀을 전하고 있다.

　이사야 선지자는 예수께서 그리스도가 되시기 위해 십자가에서 죽으실 것에 대하여 53장에서 예언하고 있는데, 이보다 먼저 26장에서 부활에 대하여 말씀을 전함으로 우리로 평강을 누리게 하고 있다. 부활의 소망이 있기 때문에 유다는 하나님께서 그들의 견고한 성이라는 이유로 노래하게 된다는 것이다. 무기나 돈이나 지식이 그들의 견고한 성이 아니라 하나님이 그들의 견고한 성이라고 고백하며 믿는 것처럼 사는 것이다. 또 주를 신뢰하는 자들에게 평강으로 지켜 주신다고 말씀하고 있다. 이런 자에게는 여호와께서 영원한 반석이라고 말씀하고 있다.

　오늘 이렇게 김동삼 성도님을 환송하면서도 기쁨을 누릴 수 있는 것은 부활을 믿고 있기 때문이고, 하나님이 우리의 영원한 반석이시기 때문에 이사야가 전하는 부활을 함께 노래하는 것입니다.

4. 천국입성예배

하나님 아버지의 부름에 따라 만왕의 왕 되신 예수님의 신부가 되기 위해 결혼식을 하고 천국의 한 고을을 다스리기 위해 입성식을 하는 예식에 대한 설교이다. 그러므로 화장터에서 화장하는 것은 마지막 거룩한 산 제사를 드리는 것으로 해석하는 것도 유족들에게 큰 위로가 될 것이다. 조금 전에 천국환송예배를 드리면서 환송을 했으니 그 환송에 따라 이제는 천국으로 입성하는 것이다.

성경에서 연기가 하늘로 올라가는 것은 기도를 하나님께서 받아 주신다는 의미로 해석되고 있다. 그러므로 고인이 화장되면서 한 줌의 재로 돌아가는 것은 자신의 모든 것을 태워 제물로 드리는 것과 같다. 물론 성경에서는 화장에 대하여 복수(삼상 31:12), 불의(암 6:10), 형벌(레 20:14; 21:9; 수 7:25) 등으로 묘사하고 있기 때문에 부정적으로 보고 있다. 그러나 화장을 할 수 밖에 없는 상황에서 예식을 집례하면서 화장에 대하여 부정적으로 말하여 상처를 줄 필요는 없다.

예수께서 재림하실 때 매장한 자나 화장한 자나 모두가 부활하는 것은 마찬가지다. 그러나 이미 영혼은 하나님 아버지의 부름에 따라 천국의 낙원에 가셨고 몸은 매장을 했든지 화장을 했든지 잠자고 있는 것이다. 매장은 땅에 있지만 화장은 연기로 하늘로 올라갔기 때문에 천국에 입성한다고 표현하는 것이 좋을 것이다. 그래서 천국입성예배 설교는 고인이 천국에 입성하셨으니 그의 신앙을 본받아 계승발전 하는 것이 유익한 일이라고 설교함으로 기독교 명문 가정을 만들자고 하는 설교를 해야 할 것이다.

1) 의의 면류관(디모데후서 4:7-8)

"나는 선한 싸움을 싸우고 나의 달려갈 길을 마치고 믿음을 지켰으니 이제 후로는 나를 위하여 의의 면류관이 예비되었으므로 주 곧 의로우신 재판장이 그 날에 내게 주실 것이며 내게만 아니라 주의 나타나심을 사모하는 모든 자에게 도니라"(딤후 4:7-8).

인생을 '안개와 같다. 한 줌의 흙이다. 연기처럼 사라진다'고 말한다. 그러나 예수를 그리스도로 믿은 자들은 그렇지 않다. 왜냐하면 하나님께서는 자녀로 삼아 주셨기 때문에 하나님을 아빠 아버지라고 부르면서 자녀가 된 자격으로 천국에 입성하게 된다. 이뿐 아니라 예수께서는 왕 같은 제사장을 삼기 위해서 신부로 삼아서 왕궁을 준비해 놓고 불러 가시는 것을 보게 된다.

오늘 천국에 입성하시는 최경순 권사님은 예수님의 신부가 되어 결혼을 위해 천국에 입성하게 된다. 그동안 하나님 아버지께서는 최경순 권사님을 신부로 삼기 위해서 예수님으로 최경순 권사님의 모든 죄를 지시고 십자가에서 죽으시게 하셨다. 이렇게 구원을 받았지만 아직 거룩한 신부가 된 것이 아니기 때문에 성령을 보내셔서 최경순 권사님을 그동안 신부 수업을 시키셨다. 최경순 권사님은 그동안 성령의 인도 따라 왕답게 국모답게 자신만을 위해서 기도하기보다 교회와 지역 사회와 나라와 민족 세계선교를 위해서 더 많이 기도하셨다. 기도의 폭이 예수님의 신부답게 얼마나 많은 사람들을 품었는지 모른다.

하나님 아버지의 뜻을 이루기 위해서 전도하기를, 먼저 대상을 정하면 그를 위해 금식기도를 하면서 가까이 다가가서 섬기셨다. 신앙생활을 하기 시작하면 먼저 기도로 하나님 아버지를 알아야 한다고 새벽예배부터 시작할 수 있게 하였다. 새벽예배 시간에도 그에게 기도를 가르치기 위해서 소리 내어 기도하면서 시범을 보여 주었다. 기도응답의 간증들을 들려주면서 기도를 통하여 하나님의 능력을 체험할 수 있게 해 주었다.

설교를 들을 때는 다른 사람들에게 이야기로 들려주기 위해 말씀을 옛날이야기로 만들어서 구수하게 하나님의 역사를 전달해 주었다. 자신이 은혜 받는 것이 목적이 아니라 다른 사람들에게 하나님의 말씀을 먹이기 위해서 설교를 들었다. 이는 예수님의 신부다운 자세다. 목사님을 섬기는 데 있어서도 가장 먼저 특별하게 섬기기 위해서 사셨다. 이렇게 신부의 수업을 다 마치고 오늘 천국에 입성하여 예수님의 신부로 한 왕국을 다스리면서 사시게 되었다.

사랑하는 유족 여러분에게 또 여기 함께 천국입성예배에 참석하신 여러분! 여러분들은 어떻게 신부 수업을 받고 계시는지 여쭤보고 싶다. 최경순 권사님의 본을 따라 수업을 잘 받아서 예수님의 멋진 신부들이 될 수 있기를 축복한다. 바울도 오늘 우리에게 신부 수업을 받기 위해서 선한 싸움을 싸우면서 자신의 사명을 감당했기 때문에 하나님 아버지께서 자신을 위해서 의의 면류관을 준비하고 계신다고 말하고 있다. 입성식 날 부끄럽지 않도록 아름다운 거룩한 신부가 될 수 있도록 준비할 수 있기를 축복한다. 신부의 수업을 잘 감당하는 자들은 찬송이 넘치게 된다.

2) 결혼을 기다리는 신부(누가복음 12:19-20)

"또 내가 네 영혼에게 이르되 영혼아 여러 해 쓸 물건을 많이 쌓아 두었으니 평안히 쉬고 먹고 마시고 즐거워하자 하리라 하되 하나님은 이르시되 어리석은 자여 오늘 밤에 네 영혼을 도로 찾으리니 그러면 네 준비한 것이 누구의 것이 되겠느냐 하셨으니 자기를 위하여 재물을 쌓아 두고 하나님께 대하여 부요하지 못한 자가 이와 같으니라"(눅 12:19-20).

천국입성을 준비하면서 사는 자들은 왕비가 되기 위해서 신부 수업을 받는 자와 같이 사람이 완전히 달라지는 것을 보게 된다. 그러나 천국에 간다는 생각도 없고, 이 세상이 끝이라고 생각하는 사람들은 세상 것으로 즐거움을 찾으려고 한다. 그러나 이 세상이 전부가 아니라 모든 사람은 운명의 시간을 향하여 달려가고 있다. 어떤 사람은 이 운명의 시간 즉 죽음의 문을 여는 것이 지옥 문을 열게 된다. 그런데 예수를 그리스도로 믿어 신부가 된 자들은 자신이 어디에 왜 가는지를 알고 있기 때문에 철저하게 준비하면서 성령의 인도 따라 기쁘게 사는 것을 보게 된다.

물론 거룩한 신부 수업이 쉽지 않고 많은 힘이 든다. 그동안 살아온 삶이 천국의 법도를 따르면서 만민을 위해 사는 것이 아니었고, 세상이 이를 추구하지 않고 있기 때문에 신부의 수업이 어렵다. 어려운 싸움을 싸워나가야 하지만 이는 항상 성령께서 곁에서 돕고 있기 때문에 항상 극복할 수 있는 일이고, 기쁨을 누릴 수 있는 일이다. 오늘 천국에 입성하시는 이필형 성도님은 사람들이 볼 때도 그리 신앙생활 한 것 같지 않다. 마치 한편 강도와 같이 마지막 순간에 구원을 받은 것과 같은 분이다. 그래도 이필형 성도님은 교회를 개척할 수 있도록 자기 집 건너 방을 예배 장소로 하나님께 드렸고, 마을 이장으로 마을 사람들과 관계가 있었기 때문에 쉽게 교회를 나올 수 없었지만 성경을 읽으면서 이렇게 스스로 예수님의 족보를 만들었다. 예수님의 족보 가운데 나쁜 일을 한 분들은 빨강색으로 이름을 쓰고, 하나님의 뜻을 이루면서 사신 분들은 검정색으로 써서 쉽게 알아볼 수 있도록 하였다.

마지막 1년 정도를 신앙생활하면서 예수를 그리스도로 믿고 천국에 간다는 것도 미안해하면서 늘 안타까움으로 신앙생활을 했다. 하나님의 긍휼로 구원받았다는 것을 누구보다 더 실감하면서 감사하였다. 이런 이필형 성도님을 예수께서는 천국에서 왕 노릇 할 수 없겠다고 하여 그러면 내 아내로 삼아주어 누구도 네가 왕 된 것을 시비하지 못하게 하시겠다고 하시면서 오늘 신부로 이필형 성도님을 불러 입성시키고 계신다.

누구든지 인생을 영원토록 살 수 없다. 어떤 사람은 그 부름이 예수님이 그리스도라는 것을 부인함으로 하나님의 자녀가 되지 못하여 죽음의 문을 열고 지옥에 들어가는 사람이 있지만 예수님이 나를 위해 십자가에서 죽으시고 부활하여 그리스도가 되셨다고 고백함으로 하나님의 자녀가 되고, 천국의 왕이 될 수 있도록 예수님의 신부가 되어 천국에 입성하시는 분들도 있다. 오늘 이 예배에 참석하신 모든 분들은 재물을 자신을 위해 쌓아두고 세상이 전부처럼 살지 말고 천국을 바라보고 사시길 바란다.

3) 세세토록 왕 노릇하리라(요한계시록 22:5)

"다시 밤이 없겠고 등불과 햇빛이 쓸 데 없으니 이는 주 하나님이 그들에게 비치심이라 그들이 세세토록 왕 노릇 하리로다"(계 22:5).

우리가 천국에 가서 무엇을 하면서 어떻게 살 것인가에 대하여 생각을 하지 않고 있기 때문에 이 땅의 신앙생활에 머물고 있는 것을 보게 된다. 먼저 요한계시록 20장 6절에서는 "하나님과 그리스도의 제사장이 되어 천 년 동안 그리스도와 더불어 왕 노릇 하리라"고 말씀하고 있다. 본문 말씀에서는 천 년뿐만 아니라 세세토록 왕 노릇할 것이라고 말씀하고 있다. 천 년 동안뿐만 아니라 세세토록 왕 노릇을 할 것이라고 말씀하고 있는 것이다.

천국에 들어가는 자들은 보통 자격으로 들어가는 것이 아니라 예수님의 신부가 되어 세세토록 왕 노릇하기 위해서 왕으로 입성하게 된다. 그러므로 예수를 그리스도로 믿고 천국을 소망하고 있는 자들은 천국의 왕이 된다는 것을 기억하고 왕의 직책을 감당하기 위해서는 무엇을 준비해야 하는지를 생각하면서 신앙생활을 해야 한다.

5. 부활대망예배

바울은 "죽은 자의 부활이 없으면 그리스도도 다시 살아나지 못하셨으리라"(고전 15:13)고 말하고 있다. 지식으로 부활이 있다는 것을 생각으로 알고 있는 것이 아니라 부활의 삶을 살 수 있어야 한다. 부활이 삶이 될 수 있도록 부활을 목격하고 누리는 것처럼 설교를 해야 하고 예식으로도 부활을 기억할 수 있도록 해야 한다. 안장을 할 때도 교회나 십자가를 바라볼 수 있도록 하여 부활을 대망하게 해야 한다.

부활이 있다고 설명하는 설교 말고, 신학적으로 논리적으로 말하는 부활 말고 직접 부활을 하고 있는 장면을 생중계하듯이 설교를 함으로 듣는 모든 사람들이 자신이 부활을 하고 있는 것과 같은 생각이 들고 믿어지고 온 몸으로 채득될 수 있도록 설교를 해야 한다. 마치 나사로의 무덤 앞에서 아나운서가 조금 있으면 지난번에 나인성 과부의 아들과 아이로의 딸이 살아났던 것과 같이 오늘은 살아나게 될 것이다. 그는 배로 동인 채로 나오게 될 것이다.

이제 예수께서 도착했다. 돌을 옮겨 놓으라고 말씀하시니까 마르다가 곁에서 주여 죽은지가 나흘이 되었으매 냄새가 난다고 해도 예수님은 내 날을 네가 믿으면 하나님을 보리라고 하지 않았느냐고 책망하시면서 하나님께서 자신을 보내신 것을 믿을 수 있게 해달라고 기도하신다. 드디어 예수님은 죽은 나사로에게 나사로야 나오라고 큰 소리로 외치고 계신다. 예수님의 말씀에 따라 죽은 나사로가 수족을 베로 동인 채로 나오고 있다. 그의 얼굴은 수건에 싸여 있다.

이렇게 실제로 죽은 자가 살아나고 있고, 지금도 이 역사가 이루어지고 있다는 것을 말할 수 있어야 부활의 설교를 하는 것이다. 다른 설교도 마찬가지이지만 특히 부활에 대하여 설교할 때는 마르다가 말하고 있는 것처럼 장차 주님께서 재림하실 때 부활한다는 것을 믿고 기도하는 것이 아니라 지금 부활한다는 사실을 말할 수 있어야 한다. 말씀을 듣는 자들이 장차 부활할 것도 믿지만 지금 부활의 삶을 살고 있는 것도 믿고 살도록 해야 한다. 바울은 고린도 교회에 편지하면서 만약 부활이 없다면 우리의 믿음도 헛것이고, 그리스도도 다시 살아나지 못했을 것이라고 말씀하고 있다. 이만큼 바울은 부활에 대하여 확신을 가지고 있는 정도가 아니라 자신이 직접 부활하신 예수님을 직접 보았기 때문에 부활을 분명하게 전하고 있는 것을 보게 된다. 직접 본 것보다 성경 말씀 문서로 변개할 수 없게 만들어 준 것을 믿는 것은 더 확실한 사실이다.

2000년 동안이나 이 부활에 대하여 증거하고 있고 이를 믿고 하나님 아버지의 부름에 따라 아멘하고 부활 찬송을 부르면서 천국에 입성한 자들이 많이 있다. 이렇게 부활이 확증 되어 있으니 우리들은 부활의 증인으로 살아야 할 것이다.

1) 부활을 대망하는 요셉(창세기 50:12-13)

"야곱의 아들들이 아버지가 그들에게 명령한 대로 그를 위해 따라 행하여 그를 가나안 땅으로 메어다가 마므레 앞 막벨라 밭 굴에 장사하였으니 이는 아브라함이 헷 족속 에브론에게 밭과 함께 사서 매장지를 삼은 곳이더라"(창 50:12-13).

이 곳 장지까지 오셔서 옥한흠 목사님의 부활대망예배에 참석하신 여러분들께 유족을 대신하여 진심으로 감사드린다. 그리고 환영한다. 오늘 나는 여러분들께 옥한흠 목사님의 부활대망예배를 통하여 우리의 부활이 어떻게 이루어지는지를 알 수 있도록 설교하여, 예수 그리스도의 부활을 믿는 것처럼 우리의 부활을 믿고 살 수 있길 축원한다.

옥 목사님의 영혼은 하나님 아버지의 부름에 따라 이미 천국에 있는 낙원에 가셨다. 그리고 그의 몸은 이곳에 안장되었다가 주님께서 재림하실 때 부활하여 낙원에 있는 영혼과 다시 만나 부활의 몸으로 하나님 아버지와 영원토록 살 수 있도록 천국에 들어갈 것이다. 생물학적으로는 옥 목사님은 고인이 되셨지만 예수님은 하나님 아버지께 가기 전까지 잠잔다고 말씀하셨다. 살아계셨을 때처럼 잠자고 계시면서도 옥 목사님은 저 앞에 보이는 십자가를 바라보시며 부활을 대망하고 계신다.

우리들은 옥 목사님처럼 고인이 잠자다가 부활할지 아니면 살아있는 상태에서 부활할지 알 수 없지만, 우리 모두는 부활하여 천국에 들어간다는 것은 오늘 밤이 온다는 것보다 더 확실한 사실이다. 그러므로 우리는 부활의 영광을 누리면서 살 수 있는 자가 되었다. 그래서 우리는 하관예배로 드리지 않고, 옥 목사님과 함께 부활을 대망 하고 싶어서 부활대망예배로 드리는 것이다.

오늘 우리가 읽은 창세기 49장 29절은 야곱이 부활을 대망하면서 그의 아들들에게 "헷 사람 에브론의 밭에 있는 굴에 우리 선조와 함께 장사하라" 유언한 말씀이다. 그 곳에는 아브라함과 그의 아내 사라 그리고 이삭과 그의 아내 리브가 장사되어 있고, 야곱도 레아를 그 곳에 장사했다고 말하면서 그 발을 침상에서 모으고 숨을 거두면서 자신도 그의 열조에게로 갔다. 야곱이 이렇게 유언한 것은 열조가 그리워서 열조와 함께 안장되길 원한 것이 아니라 함께 부활을 대망하고 싶어서 유언한 것이다. 이를 알고 있었기 때문에 야곱의 아들들은 애굽의 고센에서 멀리 떨어진 가나안의 헤브론에 있는 마므레 앞 막벨라 밭의 굴에 장사하기 위해 애굽의 의원이 40일 동안 야곱의 시신에 향 처리 할 때 애굽 사람들은 70일 동안 곡을 했고, 요셉은 바로에게 야곱을 막벨라 밭의 굴에 장사하겠다고 하였다.

　세상 사람들은 시신을 안장하기 위해 좌청룡우백호 자리 앞에서 흐르는 물 건너편의 산봉우리를 볼 수 있는 명당을 찾길 원한다. 그러나 우리는 소천한 조상이 자손들에게 복을 줄 수 있는 것이 아니기 때문에 명당을 찾지 않는다. 우리는 죽음의 문을 열고 천국에 가시는 옥 목사님을 보면서 부활의 몸으로 사는 것이 무엇인지 그리고 부활을 대망한다는 것이 무엇인지를 알고, 더 확실하게 믿을 수 있게 된다. 소천하신 분은 어디를 보고 누워 있어도 큰 문제가 아니지만 우리는 부활에 대하여 기억하면서 대망하게 됨으로 신앙의 큰 도움을 얻게 될 것이다.

우리는 옥 목사님과 함께 부활을 대망하다가 주님께서 재림하실 때 하나님 아버지의 집인 천국에 가게 될 것이다. 우리는 부활할 것을 믿는 정도가 아니다. 이미 예수를 그리스도로 믿음으로 하나님의 자녀 된 자들은 천국이 자기 집이기 때문에 부활은 당연한 것이다. 그리스도인의 죽음은 슬픈 것이 아니다. 우리로 죽음의 문이 아닌 천국 문을 열고 입성할 수 있도록 부활에 대한 소망을 주님께서 주셨다. 이제 우리도 옥 목사님처럼 복음의 증인되어 부활을 세상에 보여 줄 수 있길 축원한다.

2) 부활을 대망하는 자(요한복음 11:25-27)

> "예수께서 이르시되 나는 부활이요 생명이니 나를 믿는 자는 죽어도 살겠고 무릇 살아서 나를 믿는 자는 영원히 죽지 아니하리니 이것을 네가 믿느냐 이르되 주여 그러하외다 주는 그리스도시요 세상에 오시는 하나님의 아들이신 줄 내가 믿나이다"
> (요 11:25-27).

부활을 대망하면서 사신 분의 삶과 그렇지 않은 사람의 삶이 어떻게 다를까?

옥한흠 목사님이 어떻게 부활을 대망하시면서 사셨는지를 잠깐이라도 살펴보면 부활을 대망하면서 산다는 것이 무엇을 말하고 있는지를 조금이라도 이해할 수 있을 것이다. 그리고 부활대망예배를 드리면서 이곳에 안장되는 모습을 보면서도 우리도 부활을 대망하면서 부활의 몸으로 산다는 것이 무엇을 말하는지 알 수 있을 것이다.

나는 부활을 소망하면서 살았던 한 청년을 알고 있다. 그분은 20대 청년이 아니라 80대 청년이었지만 부활의 소망을 가지고 나이와 상관없이 사셨다. 고 강태국 박사님이신데, 83세셨지만 학생들에게 "20대 늙은이들아, 80대 젊은이를 보라!"고 외치시면서 나이와 상관없이 주안에서 무한한 비전을 가지고 부활의 능력으로 95세까지 지상명령을 이루시다가 하나님 아버지의 집인 천국에 가시는 것을 보았다.

예수 그리스도께서 십자가에서 죽으시고, 장사되셨다가 부활하여 40일 동안 계시다가 승천하시는 모습을 쳐다보고 있는 자들에게 천사는 "이르되 갈릴리 사람들아 어찌하여 서서 하늘을 쳐다보느냐 너희 가운데서 하늘로 올려지신 이 예수는 하늘로 가심을 본 그대로 오시리라 하였느니라"(행 1:11)고 말씀하셨다. 이 말씀을 들은 제자들은 감람원에서 내려와 오순절을 지키기 위해 성전에 모여 있다가 성령을 받으면서 예수께서 그리스도이심을 믿게 되었다. 이렇게 성령 받는 모습을 지켜보던 사람들 중에 디아스포라는 베드로가 하나님의 아들이신 나사렛 예수께서 그리스도라고 전하자 직접 예수께서 십자가에서 죽으시고 장사되었다가 부활한 후 승천한 것을 목격한 사람들 중에 삼천 명이 예수께서 그리스도이심을 믿게 되었다.

이렇게 부활을 목격한 자들은 사도들에게 예수께서 어떻게 그리스도가 되셨는가를 배우고 이를 다른 사람들에게 자세히 가르쳤는데, 이런 삶이 부활을 대망하면서 성령의 능력으로 사는 모습이다. 옥 목사님도 부활의 증인으로 부활의 삶을 살기 위해 평신도를 깨워 제자로 훈련을 시켜 다윗의 후손인 나사렛 예수께서 그리스도이심을 믿게 할 뿐만 아니라 믿는 것을 다른 사람에게 전하고 가르치게 하였다. 이렇게 제자훈련을 받은 자들은 전국 방방곡곡뿐만 아니라 세계 곳곳에서 예수 그리스도의 제자가 될 수 있도록 사역을 감당하였다.

감람원에서 천사의 말씀을 듣고 내려와 성령을 통하여 예수께서 그리스도이심을 전하면서 부활의 삶을 살았던 것과 같이 우리도 옥 목사님을 보내는 슬픔이 아니라 우리의 모든 재능이 성령의 인도를 받을 수 있게 하여 우리의 삶이 부활을 보여주며, 성령의 역사를 세상에 보여주는 것이 부활의 삶이다. 사람들은 우리의 삶을 통하여 하나님 아버지께서 주시고자 하시는 부활의 삶을 보길 원한다. 부활의 삶은 우리의 재능이 다른 사람보다 뛰어나야 하고, 많은 지식이 있어야 보일 수 있는 것이 아니다. 누구든지 우리의 삶을 통하여 하나님 아버지의 구속을 보이고자 하면 하나님 아버지께서 성령을 통하여 역사하시는 데 능하시다. 내가 아니라 하나님 아버지께서 성령을 통하여 부활을 보여주신다는 것을 기억해야 한다. 옥 목사님은 죽어서도 십자가를 보고 안장됨으로 부활을 우리에게 가르쳐 주고 있다.

3) 부활의 승리(고린도전서 15:50-58)

"형제들아 내가 이것을 말하노니 혈과 육은 하나님 나라를 이어 받을 수 없고 또한 썩는 것은 썩지 아니하는 것을 유업으로 받지 못하느니라 보라 내가 너희에게 비밀을 말하노니 우리가 다 잠 잘 것이 아니요 마지막 나팔에 순식간에 홀연히 다 변화되리니 나팔 소리가 나매 죽은 자들이 썩지 아니할 것으로 다시 살아나고 우리도 변화되리라 이 썩을 것이 반드시 썩지 아니할 것을 입겠고 이 죽을 것이 죽지 아니함을 입으리로다 이 썩을 것이 썩지 아니함을 입고 이 죽을 것이 죽지 아니함을 입을 때에는 사망을 삼키고 이기리라고 기록된 말씀이 이루어지리라 사망아 너의 승리가 어디 있느냐 사망아 네가 쏘는 것이 어디 있느냐 사망이 쏘는 것은 죄요 죄의 권능은 율법이라 우리 주 예수 그리스도로 말미암아 우리에게 승리를 주시는 하나님께 감사하노니 그러므로 내 사랑하는 형제들아 견실하며 흔들리지 말고 항상 주의 일에 더욱 힘쓰는 자들이 되라 이는 너희 수고가 주 안에서 헛되지 않은 줄 앎이라"(고전 15:50-58).

우리는 조금 전에 이초선 집사님의 천국환송예배를 장례식장에서 드리고 왔다. 우리가 기쁨으로 집사님을 환송할 수 있었던 것은 그가 예수를 그리스도로 믿어 하나님의 딸이 되었기 때문에 그의 아버지 하나님의 나라인 천국에 예수 그리스도께서 지어준 그의 집에 들어가서 영원토록 하나님 아버지의 영광을 노래하며 살기 위해 가시기 때문이다. 그리고 우리도 얼마 있다가 집사님을 따라 천국에 들어가면 뵈올 수 있기 때문이다. 집사님의 영혼은 하나님 아버지께서 부르셨기 때문에 천국부름예배를 드리면서 먼저 천국에 가셨고, 몸은 이곳에 안장되었다가 주님께서 재림하실 때 부활하여 온전한 부활의 몸으로 천국에 있는 집사님 집에 입주하게 될 것이다.

우리는 집사님의 부활을 믿기 때문에 좌청룡우백호라고 불리는 명당자리에 모시지 않고, 저기 보이는 교회의 십자가를 바라볼 수 있도록 안장하고 있다. 집사님이 천국에 가시는데 아직도 회개하지 못한 죄가 있어서 죽어서라도 십자가를 보면서 회개하라고 이렇게 안장하는 것이 아니다. 집사님은 이미 죽음의 문을 지나가시면서 영혼은 이미 천국에 가셨다. 그러므로 사실 소천하신 집사님은 어디를 보시던 상관이 없다. 집사님은 십자가를 바라보시는 것이 아니라 천국에 계신 아버지 하나님을 바라보시면서 부활을 소망하고 계신다.

그러나 아직 세상에서 살고 있는 우리는 교회에서 예배라는 형식을 통하여 하나님 아버지께 나가는 것처럼 산소에 올라올 때마다 교회의 십자가를 바라보면서 부활을 생각나게 만드는 예식이 필요하다. 이러한 신앙적인 예식을 통하여 우리의 신앙이 세상에 표현되면서 믿음이 성장되어 간다. 유족들은 고인이 부활을 소망하기 위해 이렇게 교회를 바라보고 있다는 것을 생각하면서 부활을 보장 받은 자로 부활신앙을 누릴 수 있어야 한다.

부활신학을 기초로 하여 부활을 표현하고 있는 예식과 의식은 유족들로 부활의 삶을 살 수 있게 한다는 것을 본문에서 말씀하고 있는 것과 같이 비록 죽으면 썩어질 것으로 알고 있지만 썩어질 것이나 죽을 것으로 살지 않고, 썩지 아니함을 입은 자로 죽지 아니할 자처럼 살게 된다는 것이다. 이런 자들은 사망을 삼킨 자이고, 그 사망을 이긴 자로 살게 된다는 것이다. 이렇게 부활의 삶을 사는 자들은 '사망아 너의 승리가 어디 있느냐? 사망아 네가 쏘는 것이 어디 있느냐?'라며 사망이 쏘는 것이 죄지만 그 죄는 이미 십자가에서 예수 그리스도께서 해결해 주셨음으로 두려움이 없다. 두려움이 없는 정도가 아니라 부활을 통하여 우리에게 부활의 삶을 살 수 있게 만들어 주셨기 때문에 하나님 아버지께 감사하면서 세상을 구원하신 하나님 아버지의 사랑을 보임으로 사람들로 하나님 아버지께 돌아와 그 영광 가운데서 살 수 있도록 만드는 것이 부활의 삶이다.

나는 기억한다. 우리 집사님이 그 부활을 소망하시면서 기도하시던 것을 우리는 보았지 않았는가? "이 부활의 기쁨을 전할 수 있도록 인도해 주세요"라고 기도하시면서 전도하시던 것을 우리는 잘 알고 있다. 삶에서도 세상 것으로 기뻐하기보다 복음을 전하면서 임박한 종말을 기다리셨던 것을 알고 있다. 이제 십자가를 바라보고 계신 집사님을 보면서 우리도 부활을 대망하면서 부활의 삶을 세상에 보여야 한다.

4) 부활을 소망하는 자(고린도전서 15:12-19)

"그리스도께서 죽은 자 가운데서 다시 살아나셨다 전파되었거늘 너희 중에서 어떤 사람들은 어찌하여 죽은 자 가운데서 부활이 없다 하느냐 만일 죽은 자의 부활이 없으면 그리스도도 다시 살아나지 못하셨으리라 그리스도께서 만일 다시 살아나지 못하셨으면 우리가 전파하는 것도 헛것이요 또 너희 믿음도 헛것이며 또 우리가 하나님의 거짓 증인으로 발견되리니 우리가 하나님이 그리스도를 다시 살리셨다고 증언하였음이라 만일 죽은 자가 다시 살아나는 일이 없으면 하나님이 그리스도를 다시 살리지 아니하셨으리라 만일 죽은 자가 다시 살아나는 일이 없으면 그리스도도 다시 살아나신 일이 없었을 터이요 그리스도께서 다시 살아나신 일이 없으면 너희의 믿음도 헛되고 너희가 여전히 죄 가운데 있을 것이요 또한 그리스도 안에서 잠

> 자는 자도 망하였으리니 만일 그리스도 안에서 우리가 바라는 것이 다만 이 세상의 삶뿐이면 모든 사람 가운데 우리가 더욱 불쌍한 자이리라"(고전 15:12-19).

삶에 밀려오는 파도 앞에서 무기력해지는 우리를 보시면서 주님께서는 "너희는 마음에 근심하지 말라 하나님을 믿으니 또 나를 믿으라"고 말씀하신다. 이제 우리도 한 번 모든 걱정과 염려를 십자가 앞에 내려놓고 성령께서 우리 삶 안에서 역사하고 계신 것을 보여 주길 원하지만 세상에 발목이 잡혀 어떻게 할 수 없는 안타까움을 보여 주고 있다. 오늘은 이 부활대망예배를 통하여 믿음으로 부활의 삶을 산다는 것이 무엇을 말하는가를 살피면서 은혜를 나누고자 한다.

기독교뿐만 아니라 다른 종교에서도 내세는 있다고 말하고 있다. 그러므로 사람들이 죽는다는 것은 내세로 들어가는 문을 열고 들어가는 것이다. 여러분들이 내 손의 손바닥을 보고 있지만 나는 손등을 보고 있는 것처럼, 우리가 운명하면서 여는 문은 죽음의 문이지만 문 뒤에서 누가 서 있느냐에 따라 그 문의 이름은 다르게 불린다. 죽음의 문 뒤에 하나님 아버지께서 기다리고 계시면 그 곳은 천국에 들어가는 문이기 때문에 천국 문이다. 그러나 죽음의 문 뒤에서 마귀가 기다리고 있으면 죽음의 문을 여는 것이 아니라 지옥 문을 열고 지옥에 들어가는 것이다.

우리는 분명히 예수를 그리스도 믿었기 때문에 하나님의 자녀가 된 자격으로 천국에 들어간다는 것을 알고 믿고 있다. 천국에는 예수 그리스도께서 하나님의 자녀가 된 자들을 위해 만들어 놓은 우리 각자의 집이 있다.

구약성경에서는 메시아에 대하여 예언하고 있는 말씀들이 있다. 마태는 마태복음을 기록하면서 나사렛 예수만이 유일한 메시아라는 사실에 대하여 1장과 2장을 통하여 신분상 5가지 조건을 성취했다고 말씀하고 있다.

첫째는 다윗의 왕위를 이를 수 있는 자시고,

둘째는 처녀 몸에서 태어나셨고,

셋째는 베들레헴에서 태어나셨고,

넷째는 애굽에서 건진 아들이시고,

다섯째는 나사렛 사람이라고 칭함을 받음으로 예언을 성취했다고 말씀하고 있다.

이렇게 예수께서는 신분상으로 메시아가 될 수 있는 조건을 갖춘 다음 표적으로 구약성경에서 예언하고 있는 병자를 고치시고, 죽은 자를 살리면서 바다와 바람을 다스리시는 하나님의 아들 그리스도이심을 보여 주었다. 신분상 조건과 표적을 보여 준 후 십자가에서 죽으시고, 장사되었다가 3일 만에 부활하여 승천하심으로 그리스도가 될 수 있었던 것이다.

우리가 하나님의 아들이신 나사렛 예수를 그리스도로 믿게 되면 나중에 천국에 갈 때 하나님의 자녀가 되는 것이 아니다. 예수를 그리스도로 믿는 순간 하나님 아버지의 자녀가 되었으니 이제 하나님 아버지의 권세를 가지고 부활의 삶 즉 성령의 능력으로 사는 삶을 살게 된 것이다.

이제 우리는 하나님의 자녀의 권세를 가지고 성령으로 사는 부활의 삶을 보여 줌으로 사람들로 우리를 보면서 하나님 아버지를 볼 수 있도록 해야 할 것이다. 사람들은 우리의 삶을 통하여 하나님 아버지께서 그들을 얼마나 사랑하고 계시고, 구원하시길 얼마나 원하고 계신가를 옥 목사님처럼 보여 주어야 할 것이다. 이렇게 사는 삶이 소천하여 이곳에 안장되어 계시면서도 간절히 원하는 것이다. 누가복음 15장에서 부자가 음부에 가서도 부자는 형제를 구원하기 위해 간구하는 것을 본다. 죽은 자의 소원이 아니라 우리의 소원이 될 수 있길 축원한다.

5) 죽은 자의 부활(데살로니가전서 4:13-18)

> "형제들아 자는 자들에 관하여는 너희가 알지 못함을 우리가 원하지 아니하노니 이는 소망 없는 다른 이와 같이 슬퍼하지 않게 하려 함이라 우리가 예수께서 죽으셨다가 다시 살아나심을 믿을진대 이와 같이 예수 안에서 자는 자들도 하나님이 그와 함께 데리고 오시리라 우리가 주의 말씀으로 너희에게 이것

을 말하노니 주께서 강림하실 때까지 우리 살아 남아 있는 자도 자는 자보다 결코 앞서지 못하리라 주께서 호령과 천사장의 소리와 하나님의 나팔 소리로 친히 하늘로부터 강림하시리니 그리스도 안에서 죽은 자들이 먼저 일어나고 그 후에 우리 살아 남은 자들도 그들과 함께 구름 속으로 끌어 올려 공중에서 주를 영접하게 하시리니 그리하여 우리가 항상 주와 함께 있으리라 그러므로 이러한 말로 서로 위로하라"(살전 4:13-18).

많은 사람들이 죽음에 대하여 연구해 보지만 그 답을 찾지 못하고 있다. 철학자들이나 타 종교에서는 죽음을 다시 돌아올 수 없는 곳으로 간다고 말하지만 성경은 그렇게 말씀하지 않고 있다. 많은 종교에서 죽음은 다음 세상으로 들어가는 출입문이라고 말하고 있다. 성경에서는 예수를 그리스도로 믿으면 하나님의 자녀가 되었기 때문에 죽음의 문을 열고 천국에 들어가지만 예수를 그리스도로 믿지 않는 자들은 나쁜 짓을 해서 천국에 들어가지 못하는 것이 아니라 하나님의 자녀가 아니기 때문에 하나님 나라인 천국에 들어가지 못하는 것이다.

양순금 집사님은 예수를 그리스도로 믿었기 때문에 하나님의 딸이 되어 살다가 때가 되매 하나님 아버지께서 이제 그만 천국에 들어오라고 부르심으로 먼저 영혼은 죽음과 함께 천국에 들어갔지만 몸은 이곳에 안장되었다가 주님께서 재림하실 때 부활하여 부활의 몸으로 천국에 들어가게 된다.

그래서 바울은 예수 그리스도께서 말씀하신 것과 같이 죽은 자에 대하여 잠자고 있다고 표현하고 있다. 가끔 세상모르게 잘 자고 있는 사람을 보고 우리들은 죽은 자와 같이 자고 있다고 말한다. 의식 없이 자는 자에게 죽은 자와 같이 잔다고 말하고, 또 부활을 기다리면서 안장되어 있는 사람도 부활할 것이기 때문에 죽은 것이 아니라 잠자고 있다고 말하는 것이다.

이는 죽은 자가 부활의 소망을 가지고 있기 때문에 죽었다고 말하지 않고 잠자고 있다고 말하는 것이다. 이렇게 부활을 기다리고 있다고 믿는 자들은 예수께서 성경대로 십자가에서 죽으시고 장사되었다가 성경대로 사흘 만에 살아나셨다는 것을 믿기 때문이다. 하나님께서는 예수 안에서 자는 자들을 십자가에서 죽으셨다가 부활하여 승천하신 예수를 첫 열매로 천국에 데려가신 것과 같이 우리들도 부활시켜 데려가신다는 것이다. 예수님의 십자가의 죽으신 것과 부활하여 승천하신 것이 역사적 사실인 것과 같이 우리도 부활하여 하나님 아버지의 나라인 천국에 들어가는 것도 역사적인 사실이다.

주님께서 재림하실 때 살아 있다가 죽음을 보지 않고 천국에 부름 받는 자들은 결코 장사되었다가 천국에 들어가는 자들보다 앞서서 천국에 들어가지 못한다고 말씀하고 있다. 이러한 믿음이 우리에게 있기 때문에 양 집사님을 이렇게 십자가를 볼 수 있도록 안장하면서 부활의 찬송과 말씀과 부활할 것을 믿는 믿음의 기도를 하고 있는 것을 보게 된다.

부활대망예배를 인도하고 있는 나는 사랑하는 안 집사님을 먼저 천국에 보내면서도 슬퍼하는 것이 아니라 믿음이 있기 때문에 기쁨으로 찬송을 부르면서 천국에서 만나자고 환송을 할 수 있는 것이다. 안 집사님의 부활대망예배에 참여해 주신 모든 분들도 안 집사님처럼 부활을 대망하면서 기쁨을 누릴 수 있길 기원한다. 우리는 결코 죽어서 한줌의 흙으로 돌아가지 않는다. 우리에게는 분명히 부활의 소망이 있기 때문에 부활하는 사람으로 살 수 있길 축원한다.

부활의 소망이 없이 산다면 얼마나 안타까운 일인가?

부활의 소망을 가지고 있는 자들이여 이곳에 안장되시는 안 집사님이 십자가를 바라보고 있는 내 무덤을 가지고 부활이 있다는 것을 전해달라고 부탁하고 있다. 부활을 믿으시길 바란다.

6. 소천기념예배

소천기념예배 시간에는 하나님의 부름에 따라 천국에 입성하신 고인의 신앙을 본받는 시간이다. 이스라엘 백성들도 아브라함과 이삭과 야곱의 하나님이라고 부르면서 조상들의 신앙을 본받았던 것과 같이 신앙의 유산이 흘러내려오지 않게 되면 신앙이 이어져 내려올 수 없다. 자녀들은 성경에서 누구를 본받자고 하는 것보다 할아버지 할머니의 신앙을 본받아 부모님의 신앙생활을 따라 사는 것보다 더 좋은 신앙의 유산은 없다.

그러므로 소천기념예배를 드리면서 부모님의 어떤 신앙을 본받기를 원하는가를 정하고 1년씩 주제를 정하여 자료를 수집하고 자료를 만들어서 함께 나누어 가질 수 있도록 준비한 사람이 발표를 하면서 은혜를 나누는 시간이 되어야 한다. 설교자도 가족들이 무엇을 본받기 위해서 자료를 준비했는지를 사전에 알아본 후 그에 합당한 설교를 해야 할 것이다. 대대로 이어갈 기도 제목은 무엇이며, 단시간에 기도 응답을 받기 위해서 어떤 방법으로 기도를 했는지를 방법까지도 제사함으로 구체적인 기도가 될 수 있도록 해야 소천기념예배를 드리는 유익을 얻게 된다.

매년마다 이렇게 기도를 본받는 해, 성경을 읽고 배우는 해, 전도와 선교하는 해, 봉사하는 해 등으로 정하여 유품 자료들도 모으고, 책도 만들고, 부모님의 신앙의 발자취를 따라서 선교여행도 해보면서 체험을 하다보면 어떤 신앙생활이 유산이 되고 무엇을 자녀들에게 남겨 주어야 하는가를 알게 된다. 이렇게 신앙의 유산이 무엇인지를 알게 되면 신앙생활을 어떻게 해야 하는지를 알고 믿음의 장부들이 되어가는 것을 보게 된다.

1) 밀알 목회(요한복음 12:24)
(강태국 박사 소천기념예배)

"내가 진실로 진실로 너희에게 이르노니 한 알의 밀이 땅에 떨어져 죽지 아니하면 한 알 그대로 있고 죽으면 많은 열매를 맺느니라"(요 12:24).

故강태국 박사님은 팔순을 넘기 시면서도 청년처럼 사셨다. 천국운동 50년 계획을 이루기 위해 목회자로 하나님 앞에서 80대에도 청년처럼 사신 모습을 살펴보면서 함께 은혜를 나누고자 한다.

故강태국 목사님은 6. 25전쟁 이후 1951년 11월 25일에 새문안교회 임시 목사로 취임하면서 본격적으로 목회를 시작하였다. 새문안교회 많은 성도들이 부산으로 피난 갔기 때문에 주일에 부산에서 예배드리고, 다음날에는 서울로 올라와 예배를 드렸다. 성도들과 함께 예배드릴 수 있다면 어디든지 상관하지 않고 예배를 인도하는 목회자의 순수한 열정이 있었다.

1955년 9월 11일 4년간의 목회를 사임하게 되었는데, 그 이유는 1953년 6.25전쟁 종식 후 대한예수교장로회 총회에서 기장 예장으로 분열되었다. 그 총회 석상에서 선언하기를 "오늘 분열된 이 총회가 다시 하나 될 때까지 새문안교회는 아무 편으로도 가담하지 않고 독립하겠다"고 선언하였다. 그러나 목사님이 미국에 가있는 동안 최화정 목사님이 예장측에 가입함으로서 강 목사님은 귀국 후 당회에 사표를 제출하고 사임하였다. 그리고 다른 교회를 세우자고 권고하는 교인들의 말을 따르지 않았다. 이는 교회를 분리하고 나왔다는 오명을 남기지 않고 싶었기 때문이다. 강신명 목사가 후임으로 와서 교회가 안정을 찾을 때까지 교회를 세우지 않았다. 하나님의 교회를 무너뜨리지 않고 세우려는 믿음과 신앙 때문이었다.

1956년 3월 2일 삼청동 한국성서학교 강당에서 처음으로 예배를 드리기 시작했는데, 이것이 오늘의 중앙성서교회의 시작이었다. 이 때 첫 예배에 참석했던 성도는 15명이었고, 교회를 위해 많이 헌신된 성도들이다. 1957년 5월 서대문구 순화동 4번지 소재 20평가량의 목재건물을 임대하여 이전한 후 교회가 성장하자 1960년 3월에 서대문구 을지로 1가 17번지 약 25평가량의 벽돌건물 3층으로 다시 이전하였다. 1962년 4월에 불광동 산 66번지에 위치한 한국성서학교 강당으로 다시 이전 하였다가 현 위치인 은평구 갈현동 455-6번지에 500평의 성전을 건축한 후 27년간 목회하다가 1982년에 원로 목사로 은퇴하였다.

새문안교회를 떠나 빈손으로 중앙성서교회를 개척하여 큰 교회를 이룩하지 못했다고 고백했지만 이는 목사님의 겸손함이다. 목사님은 "교회가 크고 작은 것이 문제가 아니고 오직 성서적인 초교

파 독립교회를 개척해서 교권 투쟁과 분열이 없는 순수한 복음적인 교회를 이 땅위에 심어 하나님께 영광 돌리는 교회상을 보여 주고자 하는 것이 나의 교회 개척의 첫째 목적이요, 둘째는 이와 같은 교회가 전국 방방곡곡에 세워져 우리 민족이 복음화되는 것이다"라고 말씀하셨다.

순수한 복음으로 하나님께 영광을 돌리는 교회상과 민족복음화를 위해 최선을 다해 무엇을 해야 할 것인가를 생각하고 계셨다. 교회를 건축함에 있어서 자신의 생명과 바꾸어 달라고 기도할 정도로 하나님의 교회를 더 사랑하는 목사님의 신앙이었다.

나는 중앙성서교회를 개척하고 27년간 목회하였으나 나에겐 교회사택이 없었다고 하였다. 그래도 오직 감사와 찬송을 하나님께 드릴 뿐이라고 하였다.

2) 부활을 기다리는 자(데살로니가전서 4:13-18)

"형제들아 자는 자들에 관하여는 너희가 알지 못함을 우리가 원하지 아니하노니 이는 소망 없는 다른 이와 같이 슬퍼하지 않게 하려 함이라 우리가 예수께서 죽으셨다가 다시 살아나심을 믿을진대 이와 같이 예수 안에서 자는 자들도 하나님이 그와 함께 데리고 오시리라 우리가 주의 말씀으로 너희에게 이것을 말하노니 주께서 강림하실 때까지 우리 살아 남아 있는 자도 자는 자보다 결코 앞서지 못하리라 주께서 호령과 천사장의 소리와 하나님의 나팔 소리로 친히 하늘로부터 강림하시리니 그리스도 안에서 죽은 자들이 먼저 일어나고 그 후에 우리 살아 남은 자들도 그들과 함께 구름 속으로 끌어 올려 공중에서 주를 영접하게 하시리니 그리하여 우리가 항상 주와 함께 있으리라 그러므로 이러한 말로 서로 위로하라"(살전 4:13-18).

옥한흠 목사님이 소천하신 것이 몇 달 전 같은데, 벌써 1년이 지나 그의 신앙을 그리워하며 본받기 위해 이렇게 모였다. 한국교회를 걱정하시면서 제자훈련에 몰두하셨던 옥 목사님의 자리가 너무 컸기 때문에 그를 보낸 후 많은 사람들이 옥 목사님을 그리워하는 것을 보게 된다. 이렇게 그리워하시는 분들을 우리가 외면할 수 없다. 이제는 우리가 또 다른 옥 목사님이 되어 그의 사역을 실현시켜야 할 것이다. 이것이 옥 목사님이 우리에게 남겨주신 일이고, 주님께서 제자 삼으라고 부탁하신 지상명령을 이루는 일이다.

사랑의교회 성도들뿐만 아니라 그동안 옥 목사님께 제자훈련을 받고 평신도 제자훈련을 받고 제자훈련을 펼쳐 나가고 계신 분들을 모아 조직을 만들고 작든지 크든지 제자훈련 하시는 분들을 귀하게 여기면서 온 땅에 주님의 제자들로 넘칠 수 있도록 하는데 헌신하는 소천기념예배가 되었으면 좋겠다. 이것이 우리가 해야 할 사명임을 인식하고 헌신할 수 있길 축원한다.

나는 한 가지 제안을 드리고 싶다. 내년에 다시 소천기념예배를 드릴 때까지 옥 목사님의 무엇을 본받을 것이며, 그것을 한국교회에 보여 주어 옥 목사님의 간절한 소원을 어떻게 이룰 수 있게 할 것인지 계획을 세웠으면 한다. 그리고 2013년에는 누가 어떻게 이룰 것인지를 그 계획을 구체적으로 세울 수 있는 해가 될 수 있었으면 좋겠다.

이제 옥 목사님의 가족이나 사랑의교회나 옥 목사님께 제자훈련을 받던 자들은 그를 보내고 그 허전함 때문에 많이 힘들어 했다. 하나님 아버지께서는 지난 1년 동안 우리를 위로하시면서 정신 차리고 삶에 적응할 수 있도록 만들어 주셨다. 이렇게 우리를 보살펴 주셨으니 이제는 우리가 하나님 아버지의 간절한 소원인 사람들을 구원하여 제자삼아 또 다른 옥한흠 목사님을 만들어 주님의 지상명령을 이루어야 할 것이다.

2012년 9월 2일 소천기념예배가 기다려진다. 어떻게 사는 것이 믿음으로 사는 것인지를 준비하여 나누면서 우리는 믿음으로 산다는 것이 무엇인지를 배우게 될 것이고, 많은 도전과 헌신 속에서 열정을 불태울 것이다. 하나님께서 다니엘에게 "많은 사람을 옳은 데로 돌아오게 한 자는 별과 같이 영원토록 빛나리라"(단 12:3)고 말씀하신 것을 우리는 기억하고 있다. 많은 사람들이 믿음의 길을 잃어버리고 방황하고 있을 때 다니엘과 그의 친구들은 믿음으로 사는 것이 무엇인가를 보여줌으로 믿음의 옳은 길로 돌아올 수 있었다.

우리는 믿음으로 사는 길이 말씀 안에서 주님의 제자로 사는 것임을 알고 있다. 그래서 성경을 떠나 있는 한국교회를 성경으로 돌아오게 만들 수 있는 길, 믿음으로 살 수 있도록 만들 수 있는 방법이 바로 제자 삼는 일임을 인정하고 주님께서 사도들을 제자 삼은 것과 같이 제자 삼는 일에 최선을 다해야 할 것이다.

옥 목사님을 사랑하는 유족과 성도님들, 옥 목사님이 우리에게 물려준 제자 삼는 사역을 모두가 함으로 천국에서도 하나님 아버지와 예수님과 함께 기뻐하실 수 있도록 하자.

3) 죽은 자의 소원(누가복음 16:27-31)

"이르되 그러면 아버지여 구하노니 나사로를 내 아버지의 집에 보내소서 내 형제 다섯이 있으니 그들에게 증언하게 하여 그들로 이 고통 받는 곳에 오지 않게 하소서 아브라함이 이르되 그들에게 모세와 선지자들이 있으니 그들에게 들을지니라 이르되 그렇지 아니하니이다 아버지 아브라함이여 만일 죽은 자에게서 그들에게 가는 자가 있으면 회개하리이다 이르되 모세와 선지자들에게 듣지 아니하면 비록 죽은 자 가운데서 살아나는 자가 있을지라도 권함을 받지 아니하리라 하였다 하시니라"(눅 16:27-31).

부자와 나사로의 비유라고 말씀하고 있는 본문 말씀을 읽고 어떤 분들은 부자는 죄를 많이 지었기 때문에 지옥에 가고, 가난한 거지는 그래도 죄를 덜 지었기 때문에 천국에 갔다고 말하는 사람도 있다. 이는 잘못된 해석이다. 천국은 죄를 덜 지은 사람이 가고, 지옥은 죄를 많이 지은 사람이 가는 것이 아니다. 모든 사람은 하나님을 등지었기 때문에 지옥에 갈 수 밖에 없는데, 다만 하나님의 아들이신 나사렛 예수를 그리스도 우리말로 구세주로 믿는 사람은 하나님의 자녀가 되었기 때문에 그의 아버지 집인 천국에 들어가는 것이다.

그리고 본문 말씀의 내용은 부자가 지옥에 들어가 고통 중에 있으면서 아브라함에게 두 가지를 부탁하는데, 하나는 나사로로 손에 물을 찍어 자기 혀를 서늘하게 해달라는 것이고, 다음은 이 고통 받는 곳에 그의 다섯 형제들이 오지 않도록 나사로를 보내달라고 아브라함에게 부탁하는 것이다. 아브라함은 두 가지 모두 거절했는데, 첫 번째 부탁은 지옥과 천국은 서로 왕래할 수 없기 때문에 나사로가 갈 수 없다는 것이고, 두 번째 부탁은 세상에는 모세와 선지자들이 있으니 그들에게 들을 수 있다고 하면서 거절했다는 것이 내용의 줄거리이다.

이 비유가 우리에게 교훈하고자 하는 것은 지옥에 가서도 형제들이 구원받길 원한다는 것이고, 특별히 지옥에 간 죽의 자의 소원은 이루어지지 않는다는 것이다. 그러므로 살아있을 때 우리 형제를 구원해야 한다는 것이다.

　이런 사실을 잘 알고 있었던 신앙의 선배들은 살아있을 때 한 사람이라도 더 구원하기 위해 자신의 모든 것을 드렸다. 그런데 한국교회는 자신의 소원을 빌어 복을 받기 원하고, 기도는 자신과 자기 가정만을 위해하고, 설교도 자신에게 유익한 설교만 들으려고 하고, 찬양도 자기에게 좋은 찬양만 부르고, 심지어 전도를 하면서도 남보다 자기 형제자매들을 구원시켜 천국에 가서 가족들끼리 살려고 하는 모습을 보면서 이것은 주님께서 우리에게 주신 지상명령이 아니라는 생각을 가지게 된다.

　이제는 장로님이 보여 준 것처럼 믿음으로 사는 것이 무엇인지를 사람에게 보여줄 시기가 되었다. 내 돈을 써주시는 하나님 아버지께 감사하다고 간증하면서 선교비를 드리시던 것을 기억하면서 우리도 내가 가지고 있는 것을 드릴 줄 알아야 할 것이다. 부자가 날마다 자색 옷을 입고 즐긴 것처럼 우리가 가지고 있는 돈이나 지식이나 건강이 내 것으로 생각하고 자신만을 위해 즐기면서 산다면 그것은 믿음으로 사는 모습이 아니다. 이제는 장로님이 보여주셨던 것과 같이 선교지에 가기도 하고, 총동원 주일에 사람들을 교회로 초청할 수 있도록 평소에 좋은 관계를 유지하고, 사업체가 자신의 것이 아니라 하나님의 복음을 위한 것으로 인정하고 십일조뿐만 아니라 선교비까지 수입에서 구별하여 드릴 줄 아는 신앙생활이 오늘 장로님의 소천기념예배를 드리는 의미일 것이다.

장로님은 형제를 구원하기 위해 형님의 부도를 막아주기 위해 노력했고, 가족들을 돌아볼 줄 알았다. 성경을 배우고, 매일 새벽이면 성전에 올라가 동이 틀 때까지 기도하시고, 말씀을 나누면서 간증하는 것을 즐거워하시던 것을 기억하면서 나중이 아니라 지금부터 성령과 함께 살 수 있길 축원한다.

4) 요셉의 유언(창세기 50:24-26)

> "요셉이 그의 형제들에게 이르되 나는 죽을 것이나 하나님이 당신들을 돌보시고 당신들을 이 땅에서 인도하여 내사 아브라함과 이삭과 야곱에게 맹세하신 땅에 이르게 하시리라 하고 요셉이 또 이스라엘 자손에게 맹세시켜 이르기를 하나님이 반드시 당신들을 돌보시리니 당신들은 여기서 내 해골을 메고 올라가겠다 하라 하였더라 요셉이 백십 세에 죽으매 그들이 그의 몸에 향 재료를 넣고 애굽에서 입관하였더라"(창 50:24-26).

요셉은 하나님께서 이스라엘 백성들에게 약속한 가나안을 주실 것을 믿었기 때문에 자신을 애굽 땅에 묻지 말고 약속의 땅 가나안에 묻어 달라고 유언을 남겼다. 그 약속의 땅에는 선조인 아브라함과 이삭과 야곱이 부활을 기다리면서 묻혀 있는 곳이다. 이스라엘 백성들은 요셉의 유언을 지키기 위해 몸에 향 재료를 넣어 애굽에 입관만 해 놓고 매장은 하지 않았다. 그 후 모세의 영도 하에 애굽에서 해방되어 가나안에 도착하기까지 무려 40년 동안이나 광야에서 유리방황하게 되었는데, 저들은 이렇게 힘한 광야 길을 걸어가면서 요셉의 해골을 메고 다녔다.

40년간 광야 길을 걷는 동안 애굽에서 나온 1세대는 다 죽고 오직 갈렙과 여호수아만 살아 있었지만 요셉의 해골을 가지고 가는 것을 포기하지 않고 끝까지 가지고 가서 가나안에 안장하였다. 요셉이 이스라엘 백성을 괴롭게 만들기 위해 이스라엘 백성으로 요셉의 해골을 메고 가나안 땅으로 가라고 한 것이 아니다. 요셉이 어찌 자신의 해골만 가지고 가나안 땅으로 가라고 했겠는가?

다른 사람의 해골은 그대로 애굽에 놓아두고 자신의 해골만 들고 40년 동안이나 광야 길을 가라고 한 것은 그들이 요셉의 해골을 메고 광야 길을 걸으면서 우리는 분명히 요셉이 믿고 있는 것과 같이 가나안 땅에 들어간다는 것을 믿고 살아가는 힘이었다. 이스라엘 백성들은 광야 길이 힘이 들고 어려우면 어려울수록 요셉의 해골을 메고 가면서 그 모든 어려움을 견딜 수 있는 힘이 되었다. 하나님 아버지를 바라보면서 걸어갈 수 있는 능력이 된 것이다.

우리에게도 말씀을 지키면서 사는데 없었으면 좋겠다고 생각하는 것들이 있다. 그러나 그 무거운 짐이 나를 붙들어 하나님 아버지 앞에서 믿음으로 살아가는 능력이 되는 것을 보게 된다. '나의 가난을 좀 벗고 갈 수 있다면 좀 더 쉽게 멋있게 신앙생활 할 것이다. 나의 질병이 사라지면 더 열정적으로 신앙생활 할 것이다.' 하나님 아버지께서는 우리의 은혜가 네게 족하다고 말씀하고 계신다.

바울이 유라굴라 광풍 속에서 "나는 내게 말씀하신 그대로 되리라고 하나님을 믿노라"(행 27:25)고 말씀하는 것처럼 우리 가정에 있는 무거운 짐이나 내게 있는 무거운 짐에 대하여 불평하지 말고 어떻게 이러한 짐을 지고 하나님 아버지의 역사를 누리면서 살 수 있을 것인가를 생각하면서 믿음으로 승리할 수 있길 축원한다.

우리는 열 남매나 되는 무거운 짐을 지고 가야 한다. 56명이나 되는 가족을 가나안 땅으로 인도한다는 것은 그리 쉬운 일이 아니다. 하나님 아버지의 은혜가 없으면 불가능한 일이다. 우리의 계획으로 살아갈 수 있을 것 같지만 그렇지 않다. 그래서 어머님은 항상 특별하게 기도 시간을 만들어 기도했다. 40일 아침 금식기도가 끝나면, 다시 이어서 40일 점심 금식기도, 다시 끝나면 40일 철야기도를 했다. 기도하지 않고는 56명이나 되는 자식과 손자 손녀를 가나안으로 인도할 수 없기 때문에 마지막까지 기도의 삶이 되었다.

우리의 무거운 짐으로 주저앉지 말고 우리 뒤에서 기도하고 있는 형제들을 기억하면서 기도로 다시 승리하자.

5) 기도가 눈에 보여요(창세기 24:10-14)

"이에 종이 그 주인의 낙타 중 열 필을 끌고 떠났는데 곧 그의 주인의 모든 좋은 것을 가지고 떠나 메소보다미아로 가서 나홀의 성에 이르러 그 낙타를 성 밖 우물 곁에 꿇렸으니 저녁 때라 여인들이 물을 길으러 나올 때였더라 그가 이르되 우리 주인 아브라함의 하나님 여호와여 원하건대 오늘 나에게 순조롭게 만나게 하사 내 주인 아브라함에게 은혜를 베푸시옵소서 성 중 사람의 딸들이 물 길으러 나오겠사오니 내가 우물 곁에 서 있다가 한 소녀에게 이르기를 청하건대 너는 물동이를 기울여 나로 마시게 하라 하리니 그의 대답이 마시라 내가 당신의 낙타에게도 마시게 하리라 하면 그는 주께서 주의 종 이삭을 위하여 정하신 자라 이로 말미암아 주께서 내 주인에게 은혜 베푸심을 내가 알겠나이다"(창 24:10-14).

아브라함이 100세에 얻은 아들 이삭이 잘 자라 결혼을 해야 할 시기가 되었다. 아브라함이 가장 먼저 고민하는 것은 믿음의 조상으로 선정된 자기 가정을 이끌어갈 자부의 자격이었다. 이스라엘에는 아버지와 상관없이 어머니가 이스라엘 사람이면 자녀들이 이스라엘 사람이 된다. 왜냐하면 어머니가 아이들에게 구별된 음식을 먹이면서 교육을 시키기 때문이다. 그래서 아브라함은 자부의 첫 번째 조건으로 가나안 족속의 딸에서 택하지 말고 자기 고향인 메소포타미아로 가서 택하라고 늙은 종에게 맹세하게 하였다. 늙은 종은 아브라함에게 맹세를 하고 주인의 낙타 10필과 모든 좋은 것을 가지고 나홀 성으로 가게 되었다.

늙은 종이 나홀 성에 저녁때에 도착하였는데, 저녁때는 여인들이 물 길러 오는 시간이기 때문에 물 길으러 오는 여아들에게 물을 달라고 하면 자신에게 줄 뿐만 아니라 자신이 타고 온 낙타에게도 물을 주는 자가 하나님께서 정하신 여자인 줄 알겠다고 기도하였다. 그 기도가 끝나기도 전에 리브가가 물동이를 어깨에 메고 오는 것이었다. 그가 우물로 내려가서 물을 그 물동이에 채워가지고 올라오는 것을 지켜보다가 종은 마주 달려가서 물을 달라고 했다. 주는 물을 마시면서도 이 여아가 낙타에게 물을 마시게 할 것인가에 관심이 쏠려 있었을 것이다. 다 마시자 낙타에게도 배불리 물을 먹이겠다고 하고, 급히 구유에 물을 붓고 다시 물을 길으려고 우물로 달려가서 물을 길어 모든 낙타에게 마시게 하였다.

종은 여호와께서 과연 평탄한 길을 주신 여부를 알고자 리브가에게 선물을 주고, 네 아버지 집에 유숙할 곳이 있느냐고 물었더니 우리에게 짚과 사료가 족하며 유숙할 곳도 있다고 대답하자 종은 하나님의 역사에 대하여 감격하면서 머리를 숙여 여호와께 경배하고 나의 주인 아브라함의 하나님 여호와를 찬송하나이다. 나의 주인에게 주의 사랑과 성실을 그치지 아니 하셨사오며 여호와께서 길에서 나를 인도하사 내 주인의 동생 집에 이르게 하셨나이다.
 그의 기도에 대한 응답은 여기서 끝나지 않았다. 리브가의 아버지인 라반은 종에게 여호와께 복을 받은 자여 들어오소서 어찌 밖에 서 있나이까 내가 방과 낙타의 처소를 준비하였다고 하며 들어오라고 하여 집을 들어가자 낙타에게는 짚과 사료를 주고, 종과 동행자에게는 발을 씻을 물을 주고 음식을 주었다. 종은 음식을 먹기 전에 기도 응답으로 리브가를 만나게 되었으니 어떻게 할 것인지 대답하라고 하자 라반은 이 일이 여호와께로 말미암았으니 우리는 가부를 말할 수 없다고 하면서 데리고 가라고 하였다. 리브가의 오라버니와 어머니는 며칠 혹은 열흘을 우리와 함께 머물다가 데려가라고 하자 리브가에게 묻기로 하고 묻자 바로 가겠다고 대답하였다. 이렇게 섬기는 것과 하나님의 역사에 순종하는 모습이 아브라함의 식구들 모습을 보는 것과 같았다.
 이렇게 섬기며 기도하는 것이 응답되는 것을 보면서 기도한 것은 아브라함의 종에게만 있던 것이 아니다. 최경순 권사님에게서도 있었는데, 자녀들과 교회를 위해 기도할 때 이루어지는 것을 믿음으로 보면서 기도했으니 본받도록 하자.

6) 미가 선교사(미가 5:1-15)

"딸 군대여 너는 떼를 모을지어다 그들이 우리를 에워쌌으니 막대기로 이스라엘 재판자의 뺨을 치리로다 베들레헴 에브라다야 너는 유다 족속 중에 작을지라도 이스라엘을 다스릴 자가 네게서 내게로 나올 것이라 그의 근본은 상고에, 영원에 있느니라 그러므로 여인이 해산하기까지 그들을 붙여 두시겠고 그 후에는 그의 형제 가운데에 남은 자가 이스라엘 자손에게로 돌아오리니 그가 여호와의 능력과 그의 하나님 여호와의 이름의 위엄을 의지하고 서서 목축하니 그들이 거주할 것이라 이제 그가 창대하여 땅 끝까지 미치리라 이 사람은 평강이 될 것이라 앗수르 사람이 우리 땅에 들어와서 우리 궁들을 밟을 때에는 우리가 일곱 목자와 여덟 군왕을 일으켜 그를 치리니 그들이 칼로 앗수르 땅을 황폐하게 하며 니므롯 땅 어귀를 황폐하게 하리라 앗수르 사람이 우리 땅에 들어와서 우리 지경을 밟을 때에는 그가 우리를 그에게서 건져내리라 야곱의 남은 자는 많은 백성 가운데 있으리니 그들은 여호와께로부터 내리는 이슬 같고 풀 위에 내리는 단비 같아서 사람을 기다리지 아니하며 인생을 기다리지 아니할 것이며 야곱의 남은 자는 여러 나라 가운데와 많은 백성 가운데에 있으리니 그들은 수풀의 짐승들 중의 사자 같고 양 떼 중의 젊은 사자 같아서 만일 그가 지나간즉 밟고 찢으리니 능히

구원할 자가 없을 것이라 네 손이 네 대적들 위에 들려서 네 모
든 원수를 진멸하기를 바라노라 여호와께서 이르시되 그 날에
이르러는 내가 네 군마를 네 가운데에서 멸절하며 네 병거를 부
수며 네 땅의 성읍들을 멸하며 네 모든 견고한 성을 무너뜨릴
것이며 내가 또 복술을 네 손에서 끊으리니 네게 다시는 점쟁이
가 없게 될 것이며 내가 네가 새긴 우상과 주상을 너희 가운데
에서 멸절하리니 네가 네 손으로 만든 것을 다시는 섬기지 아니
하리라 내가 또 네 아세라 목상을 너희 가운데에서 빼버리고 네
성읍들을 멸할 것이며 내가 또 진노와 분노로 순종하지 아니한
나라에 갚으리라 하셨느니라"(미 5:1-15).

　구약성경에 나오는 사람들이 이스라엘 백성만 회개시키기 위해
말씀을 선포한 것이 아니다. 아브라함 이삭 야곱이 살던 족장시대
에는 이스라엘이라는 나라가 없었기 때문에 그들은 하나님을 세
상에 계시해 보이는 데 능한 자들이었습니다. 족장시대 이후에도
세상에 빛이 되어야 할 이스라엘이 사명을 감당하지 못하고 우상
에 빠질 때는 회개하라고 징계하여 돌이키게 만들었다. 특별히 이
사야 선지자 같은 경우에는 구스와 애굽 사람들보고 회개하라고
벌거벗고 3년 동안 길거리에 서서 하나님의 말씀을 외쳤다.
　오늘 읽은 본문에 나오는 미가 선지자도 세상에 하나님이 누구
신가를 보여주어야 할 이스라엘 백성들이 사명을 감당하지 않고

산당을 짓고 우상을 섬기자 하나님께 돌아오라고 애통하며 애곡하고 벌거벗은 몸으로 행하며 들개같이 애곡하고 타조같이 애통했다고 하였다. 마치 자식을 잃어버린 부모님처럼 부끄러운 줄도 모르고 벌거벗은 몸으로 행하며 들개같이 애곡하고 타조같이 애통했다는 것이다. 미가 선지자가 이스라엘에게만 돌아서라고 외친 것이 아니라 사빌 주민에게, 마롯 주민에게, 라기스 주민에게, 마레사 주민에게도 회개하라고 외치고 있는 것이다.

경상남도 통령시 광도면 안정리에 있는 안정교회를 세운 전도부인 유음전 할머니의 별명은 순건 할머니, 보따리 할머니, 호랑이 할머니라고 불려지는데, 수건 할머니라는 별명은 시아버님께서 교회 간다고 머리카락을 뽑아버려서 수건을 쓰고 다녔기 때문에 붙여진 별명이고, 보따리 할머니는 전도하기 위해 보따리에 먹을 것을 가지고 다니면서 나눠주었기 때문에 붙여진 별명이고, 호랑이 할머니는 밤마다 뒷산에서 호랑이가 우는 것처럼 울면서 기도해서 붙여진 별명이다.

최경순 권사님의 별명도 기도의 어머니인데, 자녀들과 교회를 위해 기도하시지만 전도 대상자를 놓고 기도하면서 전도가 될 때까지 관심을 가지고 선을 베풀면서 전도하는 일에 열심을 다했다. 전도는 한번 전도지를 주는 것이 아니라 전도가 될 때까지 지속적으로 해야 하고, 전도보다 더 중요한 것은 그가 교회에 정착할 수 있도록 돕는 것이다. 최 권사님은 전도된 사람이 교회에 출석하게 되면 먼저 기도를 가르치기 위해 새벽예배를 드려야 한다고 하면서 매일 새벽이면 그 집에 가서 깨워 같이 교회로 가서 예배를 드리고 기도하게 하여 스스로 기도하여 응답 받음으로 기도의 즐거움을 누릴 수 있을 때까지 새벽예배를 데리고 다녔다.

이렇게 전도되어서 교회에 출석할 때 초기에 어떻게 신앙생활을 하느냐가 중요하다. 이는 한국교회가 본받아 전도되어진 사람을 주일에 새신자 훈련시키는 것으로 사명을 다했다고 하지 말고, 누군가 그가 스스로 신앙생활하는 정도가 아니라 다른 사람을 또 전도하면서 신앙의 즐거움을 누릴 수 있도록 만들어 주어야 온전한 전도가 된다. 오늘 이렇게 소천기념예배를 드리는 모든 자들은 최경순 권사님의 전도 방법을 본받아 주님께서 지상명령으로 주신 선교적 사명을 감당함으로 대대손손 하나님 아버지께서 주시는 축복을 누릴 수 있길 기원한다.

7) 험악한 세월(창세기 47:1-12)

"요셉이 바로에게 가서 고하여 이르되 내 아버지와 내 형들과 그들의 양과 소와 모든 소유가 가나안 땅에서 와서 고센 땅에 있나이다 하고 그의 형들 중 다섯 명을 택하여 바로에게 보이니 바로가 요셉의 형들에게 묻되 너희 생업이 무엇이냐 그들이 바로에게 대답하되 종들은 목자이온데 우리와 선조가 다 그러하니이다 하고 그들이 또 바로에게 고하되 가나안 땅에 기근이 심하여 종들의 양 떼를 칠 곳이 없기로 종들이 이 곳에 거류하고자 왔사오니 원하건대 종들로 고센 땅에 살게 하소서 바로가 요셉에게 말하여 이르되 네 아버지와 형들이 네게 왔은즉 애굽 땅이 네 앞에 있으니 땅의 좋은 곳에 네 아버지와 네 형들이 거주하게 하되 그들이 고센 땅에 거주하고 그들 중에 능력 있는 자가 있거든 그들로 내 가축을 관리하게 하라 요셉이 자기 아버지 야곱을 인도하여 바로 앞에 서게 하니 야곱이 바로에게 축복하매 바로가 야곱에게 묻되 네 나이가 얼마냐 야곱이 바로에게 아뢰되 내 나그네 길의 세월이 백삼십 년이니이다 내 나이가 얼마 못 되니 우리 조상의 나그네 길의 연조에 미치지 못하나 험악한 세월을 보내었나이다 하고 야곱이 바로에게 축복하고 그 앞에서 나오니라 요셉이 바로의 명령대로 그의 아버지와 그의 형들에게 거주할 곳을 주되 애굽의 좋은 땅 라암셋을 그들에게 주어 소유로 삼게 하고 또 그의 아버지와 그의 형들과 그의 아버지의 온 집에 그 식구를 따라 먹을 것을 주어 봉양하였더라"(창 47:1-12).

내 인생을 누가 보느냐에 따라 다른 평가가 주어지는 것을 보게 된다. 자신을 평가할 때 한국 사람도 그런데 이스라엘 사람도 같은 표현을 하고 있는 것을 보게 된다. "내 나그네 길의 세월이 백삼십

년이니이다 내 나이가 얼마 못되니 우리 조상의 나그네 길의 연조에 미치지 못하나 험악한 세월을 보내었나이다"(창 47:9)라고 말하는 것을 보게 된다. 그러나 그의 후손들이나 하나님은 그가 험악한 세월을 보냈다고 하지 않고 있는 것을 보게 된다.

미국의 역사가 그리 길지 않지만 많은 영웅들이 나오고 있는 것을 보게 된다. 서로를 높이 평가하고, 국가적으로도 영웅을 만들어 가는 것을 보게 된다. 하나님께서도 우리를 평가할 때 일로 평가하지 않고, 자식이라는 관점에서 우리를 평가하고 있는 것을 보게 된다. 내가 일을 얼마나 잘했느냐 못했느냐가 아니라 내 아이들이 한 일은 모두가 보기에 너무 아름답다는 것이다. 고슴도치도 제 새끼를 예쁘게 보는 것처럼 사람들도 제 자식의 기쁨이 부모의 기쁨이고, 자식의 아픔이 부모의 아픔이 되는 것을 보게 된다.

우리들보다 하나님 아버지께서는 그의 자식인 우리를 얼마나 더 아름답게 사랑하시고 계신지를 우리도 잘 알고 있다. 그 피로 구속한 우리들이 하는 모든 일을 얼마나 잘 했느냐보다 그의 자식이 거룩한 하나님의 일을 하고 있다는 것을 얼마나 예쁘게 보시는지를 우리는 알아야 한다.

야곱을 오해하고 있는 부분들이 많이 있다. 야곱은 아버지와 형을 속인 사람으로 폄하하고 있는데, 성경을 해석할 때 기본적으로 기억해야 할 것이 성경에 나오는 믿음의 사람들을 우리의 문화로 해석해서는 안 된다는 것이다. 이삭의 아내 리브가가 임신했을 때 하나님께서 "두 국민이 네 태중에 있구나 두 민족이 네 복중에서부터 나누이리라 이 족속이 저 족속보다 강하겠고 큰 자가 어린 자를 섬기리라"(창 25:23)고 말씀하셨고, 태어나면서부터 작은 자인 야곱이 에서의 발꿈치를 잡고 출생하게 되었다. 장성한 후에도 사냥을 하고 돌아온 에서가 야곱에게 죽을 달라고 하자 장자의 명분을 팔라고 하여 에서는 장자의 명분을 내주고 죽을 먹게 되었다.

이처럼 야곱은 하나님께서 말씀하신 것을 기억하면서 그 말씀을 이루기 위해 노력하고 있는 것을 보게 된다. 이렇게 야곱은 자신에게 주어진 말씀이 질서를 역행하는 것이었기 때문에 이 일을 이루는 데 많은 어려움을 겪었다. 그래서 야곱은 바로에게 우리 조상의 나그네 길의 연조에 미치니 못하나 험악한 세월을 보냈다고 하는 것이다. 사람의 사명에 따라 살아가는 신앙의 삶이 다르게 주어지지만 하나님 아버지께서는 그들의 신앙의 삶을 높이 평가하고 계시다는 것이다.

어머님께서 이미 고인이 된지 5년이 지났다. 야곱만큼 험악한 세월을 보내신 것은 아니지만 참으로 어려운 세월을 보내시면서 저희들을 이렇게 기도로 키워주셨다. 이런 어머님의 신앙의 유산으로 오늘 우리가 믿음의 명문 가정으로 이렇게 살아가고 있다. 더 아름다운 신앙으로 이웃에게 보여 줌으로 많은 사람들을 어머님처럼 하나님 아버지께로 돌아갈 수 있도록 믿음으로 살아야 할 것이다.

부록

장례 용어 해설

장례 용어 해설[1]

(가나다순)

49재(齋): 불가에서 행하는 불공의식으로 사람이 죽은 지 49일째에 좋은 곳에 태어나길 기원하는 제를 올리며 탈상(脫喪)을 한다.

결관(結棺): 영구를 운반하기 편하도록 묶는 일.

고복(皐復): 초혼(招魂)이라고 하며 고인의 소생을 바라는 마음에서 시신을 떠난 혼을 불러들이는 것.

급묘(及墓): 시신이 장지에 도착하여 매장하기까지의 절차.

기세(棄世): 이 세상을 버림.

납골(納骨): '뼈를 거두어들인다'는 뜻으로 화장 장례에 부정적인 의미를 내포하고 있어 장사표준화 용어가 아님.

담제(禫祭): 평상의 상태로 돌아가기를 기원하는 제사로 삼년상을 무사히 마쳤다는 의미로 초상으로부터 27개월째 사당에서 드린다.

대상(大祥): 초상으로부터 25개월째 되는 날, 즉 2주기에 지

---

1 안옥현, 『기독교 장례예식의 길라잡이』(CLC, 2015), 1-12 재인용

내는 제사.
만장(挽章): 죽은 사람을 슬퍼하고 기리며 적는 글로, 비단이나 종이에 적어 기처럼 만들어 들고 상여뒤를 따른다.
망자(亡者): 죽은 사람.
매장(埋葬): 시체(임신 4개월 이후에 죽은 태아 포함)나 유골을 땅에 묻어 장사하는 것.
명복(冥福): 죽은 후에 저승에서 받는 것으로 불교의 의식임.
명부(冥府): 사후에 향하는 타계(他界)의 하나. 명계, 황천이라고도 함.
명정(銘旌): 죽은 사람의 관직, 성씨 등을 기록하여 상여 앞에 들고 가는 기다란 깃발.
문상(問喪): 초상났음을 들음(* 조상, 조문, 문상이 혼용되고 있으나, 2002년 산업자원부와 기술표준원의 장례서비스표준화에서는 문상을 '고인의 명복을 빌고 유족을 위로하는 일'로 정의함).
발상(發喪); 초상이 난 사실을 발표하는 것.
발인(發靷): 상가(喪家)에서 시신을 모시고 장지로 떠나는 것(옛날 상여를 메고 나간 데서 쓰여진 말로 현실에 맞지 않으며 기독교에서는 출관이란 용어가 바람직하다).
별세(別世): 세상을 달리함.
보공(補空): 시신이 움직이지 않도록 관의 빈곳을 채우는 일.
복인(服人): 고인의 친인척 관계에 따라 상복을 입어야 하는 사람들.

봉안(奉安): 화장한 골분을 봉안시설에 안치하는 것.
부고(訃告): 고인의 죽음을 알리는 것.
분묘(墳墓): 시체나 유골을 매장하는 시설.
산골(散骨): 화장한 골분을 화장시설에서 지정한 장소나 허락된 강이나 산에 뿌리는 것.
상례(喪禮): 초종에서부터 장례를 치른 후 소상, 대상, 담제, 길제를 난 후까지의 과정.
상식(上食): 고인이 생시에 식사하듯 빈소에 올리는 음식.
서거(逝去): 다른 세상으로 감.
성복(成服): 입관 후 상주와 복인이 상복을 입는 일.
소상(小祥); 초상일로부터 13개월이 되는 날, 즉 1주기에 지내는 제사.
소천(召天): 하나님의 부르심을 받음.
수목장(樹木葬): 시신을 화장해서 골분을 나무 밑에 묻는 장묘방식.
수시(收屍): 시신이 굳어지기 전에 팔과 다리 등을 가지런히 하는 행위, 시신을 거두는 일.
수의(壽衣): 죽은 사람이 입는 옷.
안치(安置): 시신의 부패와 세균의 번식 등을 막기 위하여 냉장시설에 시신을 모시는 것.
염습(殮襲), 습염(襲殮): 습이란 '정화한다'는 의미로, 시신을 정결하게 씻기어 수의를 입히고 입관하는 절차.

영결(永訣): 영원히 헤어져 보지 못함.
영구(靈柩): 시신이 들어 있는 관.
영면(永眠): 영원히 잠이 들다.
영서(永逝): 영원히 가셨다는 뜻.
영정(影幀): 제사나 장례를 지낼 때 위패 대신 쓰는 사람의 얼굴을 그린 그림이나 사진.
우제(虞祭): 사자의 혼이 방황할 것을 우려하여 위안하는 의식으로 초우제, 재우제, 삼우제가 있다.
운구(運柩): 구(柩)를 장지로 옮김.
운명(殞命): 목숨이 끊어 짐.
위패(位牌): 죽은 사람의 이름을 적어 그의 혼을 대신한다는 상징성을 갖는 나무패.
이장(移葬), 개장(改葬): 매장한 시체나 유골을 다른 분묘 또는 봉안시설에 옮기거나 화장, 또는 자연장 하는 것.
임종(臨終): 사람이 죽음을 맞이하는 것
입관(入棺): 염습이 끝낸 시신을 관속에 모시는 일.
자연장(自然葬): 자연 친화적인 방법으로 화장한 유골의 골분을 추모공원의 수목, 화초, 잔디 등의 밑이나 주변에 묻어 장사하는 것.
작고(作故): 고인이 됨.
장례(葬禮): 임종 후 시신을 매장하거나 화장하는 과정까지의 예식절차.

장묘(葬墓): 장사를 지내고 묘를 쓰는 일.

장사(葬事): 장례에 관한 일.

장지(葬地): 시신을 매장 및 화장하여 봉안하는 장소.

전(奠): 의식을 생략한 간소한 제사.

제(祭): 의식을 갖춘 정식 제사.

조문(弔問): 유가족과 상주를 찾아 위로하는 일.

조상(弔喪): 고인의 명복을 빌고 유가족을 위로하기 위하여 찾아가 인사하는 것.

지노귀굿(진오기굿, 진오귀굿): 죽은 사람의 넋이 극락으로 가도록 베푸는 굿.

집가심: 시신이 머물렀던 곳을 깨끗이 가시는 일.

초종(初終); 임종에서 습염하기까지의 절차.

추도(追悼): 죽은 이를 생각하여 슬퍼함(불신적인 용어로 기독교에서 사용할 용어가 아님).

추모(追慕): 고인을 생각하며 그리워함.

취토(聚土): 흙을 구(柩)위에 뿌리는 행위.

칠성판(七星板): 관 바닥에 까는 북두칠성의 별자리를 그려놓은 얇은 나무 조각으로 북두칠성이 인간의 죽음을 관장한다는 별의 숭배사상에서 불려진 명칭으로 전통적인 장례예식에서 사용(기독교 교리에 맞지 않으며 시상판(屍床板)이라고 해야 함).

타계(他界): 다른 세상으로 감.

하관(下棺): 영구를 장의차나 상여에서 내려 장지에 묻는 일
호상(護喪): 복인(服人)이 아닌 친족 중에서 상례에 밝고 경험이
       많은 사람을 가려서 장례범절 일체를 맡아서 지휘
       감독하는 사람
화장(火葬): 시체나 유골을 불에 태워 장사하는 것

우리 어머님 예수님 신부로
　천국에 입성해요

CLC 도서 안내

기독교 장례

토마스 G. 롱 지음 | 황 빈 옮김 | 근간

본서의 저자인 토마스 G. 롱은 Emory University의 Candler School of Theology에서 설교학을 가르치는 교수이며, 미국에서 가장 인기 있는 설교자들 중 한 명이다. 현대의 장례문화에 반대하여 기독교인들이 추구해야 할 장례예식의 올바른 의미와 기준을 제시한다. 아울러 장례예배의 모범과 설교에 대한 신학적인 지침도 제공한다.

우리 어머님 예수님 신부로 천국에 입성해요
Mom, Let's Go to the Heaven as the Bride of Christ.

2016년 5월 18일 초판 발행

지 은 이	이원옥

편 집	정희연
디 자 인	이수정, 서민정
펴 낸 곳	사)기독교문서선교회
등 록	제16-25호(1980. 1. 18)
주 소	서울시 서초구 방배로 68
전 화	02) 586-8761~3(본사) 031) 942-8761(영업부)
팩 스	02) 523-0131(본사) 031) 942-8763(영업부)
홈페이지	www.clcbook.com
이 메 일	clckor@gmail.com
온 라 인	기업은행 073-000308-04-020, 국민은행 043-01-0379-646
	예금주: 사)기독교문서선교회

ISBN 978-89-341-1542-7 (93230)

* 낙장·파본은 교환해 드립니다.

이 도서의 국립중앙도서관 출판시 도서목록(CIP)은 서지정보유통지원시스템 홈페이지(http://seoji.nl.go.kr)와 국가자료공동목록시스템(http://www.nl.go.kr/kolisnet)에서 이용하실 수 있습니다.
(CIP제어번호: CIP2016006779)